守望者
The Catcher

阅读 你的生活

经典人文课

The Philosopher's Toolkit:

A Compendium of
Philosophical Concepts and Methods

3rd Edition

［美］皮特·福斯
（Peter S. Fosl）

著

［英］朱利安·巴吉尼
（Julian Baggini）

陶涛 张荟 译

简单的
哲学

［第3版］

中国人民大学出版社
·北京·

缅怀我的同事和朋友——里克·奥尼尔（Rick O'Neil）

致
谢

　　我们非常感激 Nicholas Fearn，正是他帮助我们构思并策划了这本书，他的辛勤劳作在这本书中随处可见。十分感谢 Wiley-Blackwell 出版社的 Jeff Dean，感谢他将这本书从一个好的想法，培育成一本（我们希望是）好的书籍。感谢 Rick O'Neil、Jack Furlong、Ellen Cox、Mark Moorman、Randall Auxier、Bradley Monton 和 Tom Flynn 等，他们和其他不知名的读者一起仔细审阅了书中的每个章节。同样感谢皮特的秘书 Ann Cranfill 以及他的同事们审阅此书。其中，化学系的 Robert E. Rosenberg 十分慷慨地审阅了书中所有关于科学的内容。我们还要感谢 Graeme Leonard 和 Eldo Barkhuizen，他们在整个编辑的过程中都非常认真仔细。感谢皮特的妻子和孩子们 Catherine Fosl、Issac Fosl-van Wyke、Elijah Fosl，以及朱利安的伴侣 Antonia，谢谢他们的体谅和支持。

前言

　　无论对初学者抑或专业人士而言，哲学都是一件极其复杂且需要技巧的事，它的目标与过程都令人心生畏惧。正如外科手术一样，哲学不但需要我们掌握一些知识，同样还需要特定的工具以及使用它们的技艺。《简单的哲学》与《好用的哲学》这套书便可被视为此类工具的收集和汇总。然而，不同于外科医生或木匠大师的工具，这套书中的工具是概念性的，它们主要用于进入、分析、批判与评价哲学概念、论证、视野和理论。

　　这套书有多种阅读方法。想要了解哲学关键问题的普通爱好者，可以一页一页地读；想要学习哲学基本方法的初学者，可以把它视为教材；假如有人想要快速地找到某个哲学概念和方法的解释，他还可以把这套书当成参考词典。换言之，初学者抑或哲学专家都能从这套书中方便地找到适合自己的内容，而这些内容通常需要花费大量时间、阅读众多文献才能掌握。这便是这套书的目的。

　　在这套书的第三版中，我们增加了 16 个新条目，对内容进行了扩充，并对其他大部分内容进行了查阅和修订。这套书的章节仍然从基本的论证工具深入更复杂的哲学概念和原理。书中贯穿着各种评估工具、根本法则、基本原则和重要概念间的区分。最后，以对哲学思考之局限性的讨论为结束。通过每一章节，都会打开一些切入点，进入当代哲学关注的复杂话题。

这套书的构思意在呈现多元化。这就是说，我们尽力尊重欧陆和英美这两种哲学传统。这两种西方哲学思想经常发生冲突，彼此都以批判性的怀疑和蔑视目光来看待对方。尽管这两种哲学传统也从未截然不同，但最后一个可以说，明确同时植根于两者的主要人物，是18世纪哲学家伊曼努尔·康德。在康德之后，欧陆哲学传统追求的思想路线是由德国和英国的唯心主义、现象学、存在主义、符号学、结构主义和各种后结构主义风格描绘的，有时也与文学批评混合在一起。相比之下，英美哲学首先经历了经验主义、功利主义和实证主义，然后转向实用主义和分析哲学。这套书致力于认同这样一种观念，即每一种传统都有其价值，最丰富、最真实的哲学研究方法都来自这两种传统。

这套书的各部分或章节由紧凑的条目组成，每个条目都包含对其所处理问题的工具性解释、使用中的工具示例，以及关于工具范围和限制的指导。每个条目都与其他相关条目交叉引用——通常以明确的方式，但有时也以我们认为既新颖又具有启发性的方式。读者可以按照交叉参考和推荐读物，从一个条目到另一个条目，绘制出自己的阅读路径。标有星号的推荐读物对读者来说更容易理解，相对来说也不那么具有技术性。在正文的前面还有一个互联网资源列表。

我们推荐的读物是专业读者应该了解的近期以及历史中的重要

文本。但推荐读物中也包括介绍性文本，这些文本将为初学者提供相关主题的更广泛的说明。其他推荐读物只是向读者提供一些关于该主题的重要范围的指引。

若要成为一名雕刻大师，不仅需要选取和使用工具的技巧，同样需要天赋、想象力、实践、毅力，有时还需要勇气。同样，学会了如何使用这些哲学工具，也无法让一个初学者一夜之间成为哲学大师。这套书所要做的是让读者掌握技能、能力和技巧，我们希望这样能帮助各位更好地进行哲学思考。

哲学家的互联网资源

网站

- *Academia.edu* (www.academia.edu)
- *American Philosophical Association* (APA) (www.apaonline.org)
- *AskPhilosophers* (askphilosophers.org)
- *British Philosophical Association* (bpa.ac.uk)
- *Daily Nous* (dailynous.com)
- *Fallacy Files* (www.fallacyfiles.org)
- *History of Philosophy without Any Gaps* (historyofphilosophy.net)
- *Internet Encyclopedia of Philosophy* (IEP) (www.iep.utm.edu)
- *Philosophy Stack Exchange* (philosophy.stackexchange.com)
- *PhilPapers* (philpapers.org)
- *Stanford Encyclopedia of Philosophy* (plato.stanford.edu)
- *TPM Online, The Philosophers' Magazine.* (www.philosophersmag.com)
- *Wikipedia's list of Philosophical Organizations* (en.wikipedia.org/wiki/List_of_philosophical_organizations)

播客

- *Elucidations* (philosophy.uchicago.edu/news-events/podcasts-interviews-and-lectures)
- *Ethics Bites* (www.open.edu/openlearn/history-the-arts/culture/philosophy/ethics-bites-podcast-the-full-series)
- *Philosopher's Zone* (www.abc.net.au/rn/philosopherszone)
- *Ethics Forward* (www.forwardradio.org/ethicsforward)
- *History of Philosophy without any Gaps* (historyofphilosophy.net)
- *New Books in Philosophy* (iTunes)
- *Philosophy Bites* (philosophybites.com)
- *Philosophy: The Classics* (nigelwarburton.typepad.com/virtualphilosopher/philosophy_the_classics/index.html)
- *Philosophy Now* (philosophynow.org/podcasts)
- *Philosophy Talk* (philosophytalk.org)
- *The Partially Examined Life* (partiallyexaminedlife.com)

目录

第 1 章

论证的基本工具

1.1　论证、前提和结论

　　哲学适合爱挑刺的人，但这并不意味着它追求的是细枝末节。事实远非如此。哲学专注于那些关乎人类生存的自我追问，而哲学家们喜欢吹毛求疵的原因则在于：他们通常会关心人们对世界的主张和信念能否得到理性的支持，主要是理性论证的支持。由于哲学家们关注的问题非常重要，因而他们才强调把注意力放在具体的细节上。人们会利用许多技巧，并以各种方式进行推理论证，其中有些符合逻辑，有些则不尽然。在通常情况下，一个人要想分辨优劣推理之间的差异，就必须尽心竭力且不妥协地审视论证的内容和结构。

论证与推论

那么，什么是一个合适的"论证"（argument）？对大多数人而言，论证就是在两个人或更多人意见相左时，他们之间出现的辩驳或冲突。在这个意义上，论证或许意味着大呼小叫、指名道姓，甚至一定程度的拉拉扯扯。这种论证可能（但其实并不需要）包含理性的推理。

相较而言，哲学家们只在非常精确或有限的意义上使用"论证"这一术语。对他们而言，论证是理性推理最基本的构成单位——理性推理的原子。按照这种方式理解的"论证"就是一个"推论"（inference），从一个或多个始点（真的断言，称之为"前提"）出发，到达一个终点（真的断言，称之为"结论"）。所有论证都需要这样的推论过程。出于这个原因，论证被称为"推理性的"（discursive）。

论证对解释

"论证"不同于"解释"（explanation）。对于它们之间的差异，我们只需要知道一个大概的区分标准：论证试图证明某一事物为真，而解释则试图说明某一事物如何成真。例如：假设你遇到一个显然已经死去的女人。那么，对其死亡的"解释"就意味着要说明死亡如何发生（"肺中存留的水解释了她的死因"）；而对其死亡的"论证"则意味着要证明这个人确确实实已经死了（"她的心脏已经停止跳动，并且没有任何生命体征，我们可以得出结论：她确实已经死了"）。此外，有一种解释可以比其他解释更好（"头部伤口没有流血，以及肺中存留的水表明这个女人死于溺水而非失血"）。

理性推理在哲学中的地位

　　人们普遍没有意识到，哲学的大部分内容其实都是由理性推理构成的。许多人认为，哲学的实质是研究世界的本性以及我们在世界中位于何处的观点或理论，但这些只能算作"意见"（opinions）。毫无疑问，哲学家们的确会提出类似的观点或理论，但在通常情况下，它们的力量、范围以及使之不同于纯粹意见的特征，都源于从有效前提出发的理性论证。当然，人们生活中的许多其他领域也会涉及理性推理，有时候这些领域与哲学之间也难以明确划界（实际上，是否有可能在哲学与非哲学之间明确划界，本身就是一个非常激烈的哲学争论！）。

　　例如，自然科学与社会科学都属于理性研究的领域，它们时常挑战哲学的边界（尤其是对心灵与大脑的研究、理论物理学和人类学）。但是，这些科学理论一般由规范化的实验程序和实验结果所决定，相较而言，哲学则很少这样做。此外，宗教思想有时也要"征用"理性，并且它与哲学之间的界限也常常引起争论。然而，宗教思想凭借启示、信条或仪式的方式，与神性、神圣性或超验性的内容有着内在的、本质的联系——相较而言，哲学通常不是这样。

　　当然，在西方哲学传统中的确出现过一些非理性，甚至是反理性的杰出人物〔例如，赫拉克利特（Heraclitus）、克尔恺郭尔（Søren Kierkegaard，1813—1855）、尼采（Friedrich Wilhelm Nietzsche，1844—1900）、海德格尔（Heidegger）和德里达（Derrida）〕。我们将在本书的后面考察这些作者的非论证的哲学方法。此外，许多人将亚洲（儒家、道家、神道教）、非洲、美洲原住民的思想家的作品都归属于哲学的门类之中，即便他们似乎很少运用论证，而且他们的作品通常也不被视为哲学性的。

然而，或许不管作者的意图如何，甚至是不合格的思想家，也涉及经由理性证明的主张和经常被忽视的微妙的论证方式。在多数情况下，作为一种思想家所必须依靠的能力，理性推理始终都会出现。

因此，哲学并不是唯一承认理性重要的思想领域，许多冠以哲学之名的思想也未必都重视论证。但可以肯定地说，假若一个人不知道怎么使用理性这个工具，那么他就只能站在浩渺的哲学思想的大门之外。所以，在开始储备我们的哲学工具箱时，要以理性的最基本构成部分，或理性推理的亚原子粒子——"前提"（premises）与"结论"（conclusion）——作为出发点，没有比这更好的选择了。

前提与结论

和多数人的理解一样，哲学中的"结论"概念简单易懂。结论就是由论证得出的总结，是经过一个推论或一系列推论得到的最终产品和结果，它需要得到理性主张的证成和支持。那么，"前提"是什么呢？前提的界定与结论相关。当然，它们是用于证成。然而，所有前提和结论都必须具备一种独特的、不那么明显的性质。

为了使一个语句能够成为前提或结论，它必须表现出以下本质属性：它要提出一个或真或假的断言。这样的语句在逻辑上被称为"陈述"（statement）或"命题"（proposition）。

在我们的语言中，语句能做很多事情，并不是所有语句都具有这种性质，因此也不是所有语句都是陈述。语句可以发出命令（"前进吧，士兵们！"），或提出问题（"这条路通往爱丁堡吗？"），或表达惊叹（"我的天！"），它们既非真又非假。因此，这类语句不可能作为前提或结论。

讲到这里，一切还很好理解，但它们会逐渐变得越来越棘手。就前提而言，最令人厌烦的一个问题就是"隐含的主张"（implicit claims）。这就是说，在很多论证之中，有些关键性的前提甚至结论都没有被明确地表述出来，它们被暗含或掩盖在其他语句之中。我们举个例子："苏格拉底是一个人，所以苏格拉底终究会死。"这里隐含的主张是"每一个人终究会死"。像这种含有隐含前提的论证通常被称为"省略三段论"（enthymemes 或 enthymemetic）。

还有一种情况，论证有时彼此嵌套在一起，所以在证明一个主要结论的过程中，几个辅助性的结论也得以证明。解开这种彼此嵌套的论证有时会很复杂，尤其当这些论证彼此堆叠、互相勾连时。这通常需要一颗耐心的、善于分析的心灵来整理（正是你在哲学家那里遇见的那种心灵）。

要想准确地找到论证的前提，首先，你要问自己，这个论证到底试图证明什么结论；其次，你还要问自己，如果要得出这个结论，论证还需要依赖哪些其他命题（明确的或隐含的）。有时，一些特定的单词或短语可以明确地指示前提和结论，"因此""综上所述""由此断定""我们可以得出结论""由此可见"等短语，通常都指示结论（例如，DNA、指纹、目击证人都指向史密斯，由此断定她一定是凶手）。"因为""由于"等词语，"由于这个理由""以此为根据"等短语，通常指示前提（例如，由于 DNA、指纹、目击证人都指向史密斯，所以她一定是凶手）。

总之，一个论证的前提由一系列命题构成，我们能够从中得出结论。我们在其他章节中将更详细地解释如何精确地证成从前提到结论的推论过程（参见1.4和1.7），但在此之前，我们首先要追问的是："一个理性的人最初应该如何合理地选择前提？"

前提的根基与阿格里帕的三难困境？

至于一个前提何以能够成立，有多个重要的解释。其一，前提是另一个可靠论证（或许是一个嵌套的论证）得出的结论。也就是说，前提的真实性已经先在别处得到了证成。很显然，如果这是证明前提的合理性的唯一方法，那么我们将面临"无穷倒退"（infinite regress）的危险。也就是说，假若前提需要由另一个论证来证明，那么，"另一个论证"的前提又需要再一个论证来证明，"再一个论证"的前提又需要再再一个论证来证明……无穷无尽（ad infinitum）。

现在，有一些哲学家被称为"无穷主义者"（infinitsits），对他们来说，这种倒退是没有问题的。然而，除非一个人希望生活在无穷倒退之中，否则他必须找到另一种方法来确定可以作为前提的语句。

其二，对许多人而言，一个令人信服的选择是把真理想象成一个网络，而非一种等级架构，因此，证明最终会绕回来组成一个连贯的、互相支撑的，但没有锚点的网络。从这个角度来看，哲学家和其他理论家的目标就成了一项关于概念的编织与刺绣工程，将概念和论证以一种符合一致性且有意义的方式缝在一起，进而构建出一个连贯的概念编织物。以这种方式来看待真理、理论和推理的哲学家，被称为"连贯主义者"（coherentists）。

其三，那些反对无穷倒退的论证，并且认为连贯主义者的版本也只不过是错误的循环的哲学家，通常会寻找一些基本的或基础的东西，即一个终止点或理由和论证的基石。这类哲学家通常被称为

"基础主义者"（foundationalists）。对基础主义者而言，一定存在着不需要其他论证来进一步证明的前提，我们称之为"基本前提"（basic premises）。

对于什么是基本前提以及它们为什么是基本前提，已经有很多论述。根据一些解释［被称为"语境主义"（contextualist）］，一个人在推理时所处的当下语境决定了何为基本的。例如，一个基本前提可以是，"我存在"。在多数语境下，这个前提不需要证明。但假如一个论证想要证明"我存在"，那么我的存在就不能被视为一个前提。因为一个人不能预先设定一个命题，而后再去论证它。

另一类哲学家认为，根据一些其他理由，有些语句是更基本的或没那么基本的：因为它们基于自明的或"把握性"的感知（斯多亚主义者）；因为它们直接植根于感官数据（实证主义者）；因为它们是为一种被称为直觉或洞见的能力所抓住的（柏拉图主义者）；因为它们构成了所有可能的探究的框架，所以它们自身不能是探究的对象（康德主义者、维特根斯坦主义者）；因为这些命题是上帝给予我们的启示（经院哲学家），或者我们用上帝赋予我们的认知能力把握到了它们（笛卡尔主义者）。

其他哲学家，主要是怀疑主义者，则在根本上质疑如下观点，即我们可以给出推理的最终依据，而认为诉诸（1）无穷倒退、（2）循环和（3）基础，最终都无法成功。这是一个古老的难题，一般被描述为"阿格里帕的三难困境"（Agrippa's trilemma）。具体细节请参见希腊化-罗马时期的第欧根尼·拉尔修（Diogenes Laertius）的《名哲言行录》（*Lives of Eminent Philosophers*）（9.88－89）和塞克斯都·恩披里柯（Sextus Empiricus）的《皮浪学说概要》（*Outlines of Pyrrhonism*）（PH 1.15.164）。

总之，在形式上，前提与结论的区分是清晰的，但这却不足以说明两者之间的差异。如果要运用哲学工具，我们就不得不去识别那些明确的前提，同时还要发现那些隐含的前提。然而，这种区分背后的哲学问题却是深刻的。此外，对于结论是否可以从前提中推出，我们暂且不谈，我们首先应该知道该如何合理地选择前提。前提是哲学论证的始点。因此，最重要的哲学议题之一，必然是一个人从哪里开始以及如何开始的问题。

同时参见：

1.10 定义

3.7 循环论证

4.1*① 基本信念

4.9* 自明真理

推荐读物：

★ Nigel Warburton (2000). *Thinking From A to Z*, 2nd edn.

John Shand (2000). *Arguing Well*.

★ Graham Priest (2001). *Logic：A very Short Introduction*.

Peter Klein (2008). Contemporary responses to Agrippa's trilemma. In：*The Oxford Handbook of Skepticism* (ed. John Greco).

1.2 演绎

"很明显，凶手早有预谋，沃森。但是，知道鱼丸博士当晚行程

---

① 本书"同时参见"中带有星号注的章节号，为本书姊妹篇《好用的哲学》（中国人民大学出版社，2025）一书中的章节号。

的人只有一个，就是他的同事三文鱼博士。因此，凶手一定是……"

演绎是推理的一种形式，它经常出现在经典侦探小说的结局那一幕。它是一种最缜密的论证方式，因为就演绎而言，从前提到结论的推导过程具有以下特点：只要前提为真，结论必定（必然）为真。例如以下论证：

1. 猫王隐居在爱达荷州的神秘角落。
2. 隐居在爱达荷州神秘角落的人都很悲惨。
3. 因此，猫王很悲惨。

反观我们对演绎的定义，就可以发现这个论证是符合条件的。假若上述两个前提为真，那么结论必然绝对为真。如果隐居在爱达荷州神秘角落的人确确实实都很悲惨，猫王又怎么会不悲惨呢，难道他不是隐居在爱达荷州神秘角落的一个人吗？

或许你觉得这有可疑之处，因为猫王已经死了，这个简单的理由足以让你相信猫王并不悲惨，而围绕结论是否真实的所有讨论都只会让你觉得诡异。如果真是这样，那么这就说明你还没有理解关于推导过程特点的那句话的关键，而它在演绎定义中的作用至关重要。只要前提为真，结论必然为真。这是个重要的"只要"。在我们所举的论证中，结论显然不是真的，我们确信这一点，因为它的两个前提并不是真的。不过，这不能改变它是一个演绎论证的事实。因为如果猫王真的隐居在爱达荷州的神秘角落，如果隐居在爱达荷州神秘角落的人真的都很悲惨，那么必然能够推出：猫王很悲惨。

至于什么是好的演绎论证，我们将在"有效性和可靠性"（参见 1.4）一节中进行更加细致的论述。在某种意义上，演绎论证的所有内容，都已经蕴含在定义之中：一个（成功的）演绎论证就是指，只要前提为真，结论必然为真。

在结束这一主题之前，让我们再回到那位侦探的调查工作。根据他的思考过程，我们可以很容易想到那个重要的、缺失的答案：凶手一定是三文鱼博士。但这是一个有效的演绎论证得出的结论吗？事实是，我们无法回答这一问题，除非我们更加了解前提的确切含义。

凶手"早有预谋"究竟是什么意思？它其实可以有很多意思。它可以表示凶手的计划精密到每一个具体的细节，或者只是单纯地表示凶手早有杀人的念头。假如是后者，那么凶手就有可能并不知道鱼丸博士当晚的行程，只是偶然遇见了他，然后将早有的念头付诸实践，杀害了他。因此，有可能出现这样的情况：（1）两个前提皆为真（凶手早有预谋，只有三文鱼博士知道鱼丸博士当晚的行程），但是（2）结论是假的（事实上，三文鱼博士不是凶手）。因此，那位侦探并没有成功地构建一个演绎论证。

这个例子告诉我们，虽然演绎论证的定义十分简单，但成功地识别或构建一个成功的演绎论证则要困难得多。要想判断结论是否能从前提中必然得出，你们必须对模棱两可的前提非常敏感。同时，有些结论看似能从前提中推出，但实际上却并非如此，轻易地接受这种结论会十分危险。演绎推理绝不能急于跳至结论，而要缓缓地（但不是笨拙地）推向结论。

同时参见：

1.1 论证、前提和结论

1.3 归纳

1.4 有效性和可靠性

推荐读物：

★ Alfred Tarski（1936/1995）. *Introduction to Logic and to the*

Methodology of Deductive Sciences.

★ Fred R. Berger（1977）. *Studying Deductive Logic.*

★ A. C. Grayling（2001）. *An Introduction to Philosophical Logic.*

Warren Goldfarb（2003）. *Deductive Logic.*

★ Maria Konnikova（2013）. *Mastermind：How to Think Like Sherlock Holmes.*

1.3　归纳

　　我（朱利安·巴吉尼）要忏悔。有一个假期，我参观了罗马的著名街市——波特塞门市场。我遇见了一个设赌局的人，他会快速移动三个杯子，然后让人们猜哪个杯子下面有骰子。为了免去读者的麻烦，我就避开当天的细枝末节，也不尝试向诸位解释在当时的惬意环境下，"赌一把"是多么合理的举动了。总之，我赌了，也输了。我的预算很紧张，以至于那晚吃比萨的费用都化成了泡影。

　　在这个事例中，我的愚蠢十分明显。但是，我参赌的决定真能被称为"无逻辑的"吗？若要回答这个问题，我们需要从另一个维度进行探讨，即逻辑哲学家所言的"归纳"（induction）。不同于演绎推理，在归纳推理中，从前提到结论的推导过程不具有必然性或确定性，而仅仅具有可能性（但这种表述也存在问题，我们将会看到这一点）。

定义归纳

　　或许，人们最熟悉的是这样一种归纳法，它基于一定量的观察，推出一个具有某种可能性的、更宽泛的概括。这种形式的推理一般被称为"归纳概括"（inductive generalization）。该推论方式经常是根据过去的规律推导出未来的规律。日出就是一个最经典的例子。迄今为止，人类的经验都说明太阳每天都会有规律地升起，因此人们就可以推出它明天依然照常升起。这个推论常被视为归纳的典型代表。就我在罗马参赌的那个例子而言，我应该能够意识到，像我这样只具有一般观察水平的人要想赌赢那个人，概率实际上非常低。

但要注意：归纳在本质上不能被定义为从特殊到普遍的推理过程。一个归纳论证未必是从过去指向未来的。它可以是从普遍到特殊的推理过程，亦可以是从特殊到特殊、从普遍到普遍的推理过程。

例如，从一个普遍的、过去的经验性主张出发（即使经过训练，仍没有一个运动员能在 4 秒内跑完 100 米），推出一个特殊的、过去的经验性结论（我的朋友虽然号称当年他在大学时能做到，但实际上可能并非如此）。"类比推理"（analogies；参见 2.4），以及举例论证与经验法则的论证方式都属于归纳，但它们都不是从特殊到普遍的推理过程。归纳推理的重要性质是，它们推出结论时只有一定的概率，而不是它们如何连接特殊主张与普遍主张。

归纳问题

虽然除了归纳概括之外，还有很多其他类型的归纳，但在涉及推理的实际运用时，往往指的都是这一类型的归纳。例如，经验科学中的推理过程往往要依赖归纳概括，正如迄今为止的科学定理与确凿无疑的宇宙自然律（像玻意耳定律）都是基于数量相对不足的经验观察，只有一定程度的可能性。弗兰西斯·培根（Francis Bacon，1561—1626）曾令人信服地论证过归纳法的合理性。

只是我们需要时刻牢记的是，归纳法其实有一个微妙的特点，即它涉及的推理在某种程度上只是从"部分"开始，但演绎则要求"全部"（"部分"在这里意味着，至少有一个例外的可能性，而非所有的相关个体）。以这种方式所说的"部分"使归纳概括在根本上不同于演绎论证（因为演绎论证若不满足必然性，就不能成立）。它也导致了大量关于概念的复杂问题，哲学家们将此称为"归纳问题"。以下例证可以说明我们的意思：

1. 几乎所有的大象都长得像巧克力。
2. 这是一头大象。
3. 因此，这头大象长得像巧克力。

这并不是一个好的演绎论证，因为即便前提很有可能为真，结论仍有可能为假。但很明显，它是一个有力的归纳论证——只要我们能够接受结论的或然性，而非必然性。

我们再来看一个相似的论证：

1. 所有的大象都长得像巧克力。
2. 这是一头大象。
3. 因此，这头大象长得像巧克力。

其实，这两个论证在许多方面都是相似的，但第二个论证却是一个好的演绎论证，而非归纳论证。因此，看待归纳问题的一种方式就是，理解为何一个好的归纳推理，却可能是非常差的演绎推理。然

而，在阐述这一问题之前，我们首先要处理这两种推论方式之间的
相似性，以免受它们影响而产生误解。

令人误解的相似性

由于这两种方式之间的普遍相似性，归纳论证某些时候会和演
绎论证互相混淆。这就是说，虽然有些论证看起来像是演绎论证，
但它们其实是归纳论证。例如，"太阳明天会升起"这个论证以某
种形式出现时，就很容易被视为一个演绎论证：

1. 太阳在每一个日子（every day）里都会升起。
2. 明天是一个日子。
3. 因此，太阳明天会升起。

由于它与演绎推理具有一定的相似性，我们很可能把第一个前提视
为谈论"全部"的命题：

太阳在全部的日子（all days）里都会升起，曾经如此，
将来也会一直如此。

然而，人类的经验是有限的（实际上，我们不可能经历过每一个日
子），这就向我们证明，它不过是一个谈论"部分"的命题：

太阳在人类经历过的每一天（每 24 个小时）里都曾经升起。

显然，这个弱的版本做出了有限的判断，它只说明在所有日子中的
部分日子里太阳曾经升起，却压根没有谈及其他日子。

因此，关键在于，我们其实无法根据这个弱的、涉及"部分"
的语句，构建一个有效的演绎推理，即无法保证结论的确定性。在

对事实进行推理时，我们或许想要结论具备演绎所要求的确定性；但不幸的是，归纳并不能满足这一点。还有另一个更复杂的问题潜伏在这里，并困扰着哲学家们：归纳法似乎是一个恶性的循环论证。事实上，它似乎已经预设了它想要证明的东西。让我们来看以下内容。

自然界的统一性

简单来说，演绎法的问题可以归结于，我们能否相信自然界或现实在时空变化中可以保持统一性。假若自然界自身是统一、有规律的，那么我们在过去和现在所观察到的东西（例如，一个归纳推理的前提），就是一个可靠的向导，指向了迄今为止尚未被观察到的过去、现在和未来（例如，一个归纳推理的结论）。

然而，之所以相信自然界是统一的，唯一的根基就在于我们观察到的过去和现在。那么，这似乎意味着，假如我们没有预设我们需要证明的那个东西，即世界尚未被观察到的部分与我们观察到的部分以相同的方式运作，我们就无法超出观察到的事件。简言之，通过归纳来证明世界的这一部分与其他部分相似，就已经预设了它们具有这种统一性。

> 归纳法以特定的方式证明世界是统一的；但是，归纳推理已经设定了世界是相对统一的。

我们不能根据过去发生的事情，归纳地推出太阳明天会升起（即未来与过去是相似的），除非我们已经设定了未来与过去是相似的。18 世纪的英国人大卫·休谟（David Hume，1711—1776）一直是一位重要的哲学家，部分正是因为他对这个问题的分析。

因此，严格地说，太阳明天可能不会升起的说法并非不合逻辑，因为我们无法从过去的经验观察中得出有关明天的必然性结论。

更深层的复杂性

假若承认归纳推论的相对弱点（与演绎相比），理性的人就会接受归纳法得到的结论不具有必然性，而只具有偶然性（例如，太阳明天升起只是具有很大的可能性）。但这样就可以解决问题吗？甚至，这种更弱、更受限的形式能够被证明是合理的吗？比如，我们是否真的能够认为：基于过去的经验观察，明天太阳升起的可能性要比不升起的可能性大得多？

问题是，这样的主张依然不能得到演绎推理的确证。假如要成功地通过演绎得出这个结论，我们就需要假定这个前提，即"迄今为止一直都在发生的事，明天很有可能也会发生"。然而，这个前提和前面的"迄今为止一直都在发生的事，明天一定会发生"没有实质性区别，它们两者存在着相同的问题。因为它同样要求根据过去的事件来判断未来的事件，这仍需要我们已经假定自然界的规律始终如一（或至少保持了连续性）。但要再次重申，自然的统一性（或连续性）仍是存有疑问的。

不稳定的根基？

即便存在这些问题，我们似乎仍离不开归纳概括，无法不经常使用归纳推理。它们太有用了（起码迄今为止），以至于我们难以割舍。归纳概括也是科学理性的根基，我们要想思考物质世界，就要无视归纳法的弊端。简言之，我们可以接受"我们迄今为止观察到的经验，是我们了解未观察到的事物的最好指引"这个前提，纵使它也只是一种假定，且无法得到证实。

因而，我们要为此付出一定的代价。换言之，我们必须接受这样的事实：只要使用归纳概括，我们就必须相信与之相关的假定，而后者永远都无法得到证实。正如休谟所说："我们的一切经验结论都是从'未来符合过去'这一假设出发的。因此，如果力图把一些或然的论证……用来证明上述那个假设，那显然是在兜圈子，而且是把正在争论的焦点看成当然而然的东西"① ［《人类理解研究》(Enquiry Concerning Human Understanding)，4.19］。我们能接受推理与科学都没有最终的根基吗？

同时参见：

1.1　论证、前提和结论

1.2　演绎

1.7　谬误

2.4　类比法

2.5*　休谟之叉

推荐读物：

Francis Bacon（1620）. *Novum Organum*.

David Hume（1739）. *A Treatise of Human Nature*，Bk 1，Part 3，Section 6.

★ Colin Howson（2003）. *Hume's Problem：Induction and Justification of Belief*.

---

① 译文参见休谟：《人类理智研究》，吕大吉译，商务印书馆 1999 年版，第 29 页。——译者注（本书所有脚注均为译者注，不再一一标注。）

1.4　有效性和可靠性

英国著名生物学家路易斯·沃伯特（Lewis Wolpert，1929—　）曾在《反常的自然科学》（*The Unnatural Nature of Science*）一书中指出，几乎所有的科学都要公然地违反我们的常识。就此而言，哲学或许（比其他科学？）有过之而无不及。哲学的理论、结论和术语经常与直觉大相径庭，甚至与我们日常的思考、行为和言谈方式也截然不同。

以"有效性"（validity）一词为例。在日常语言中，我们会说某人的"观点很有效"或"意见很有效"。但在哲学语言中，"有效性"用来特指证明的过程。更令人诧异的是，我们会把以下论证称为有效的：

1. 所有的奶酪都比哲学系的所有学生更聪明。
2. "小猫梅格"牌奶酪是一种奶酪。
3. 因此，"小猫梅格"牌奶酪比哲学系的所有学生更聪明。

这根本没道理啊，你或许这样想；但是，仅仅从逻辑学的角度来看，这却是涉及有效论证的完美例子。怎么可能是这样的？

有效性的定义

有效性是正确构建的演绎论证的一种属性。如前文所述，界定何为论证之时，我们曾指出，结论要必然从前提中得出（参见

1.2），而我们称一个演绎论证是"有效的"，正是因为它做到了这一点。相反，当结论不能从前提中必然得出时，这样的论证就被称为"无效的"演绎论证。

诡异的是，纵使某个论证的前提和结论在内容上不是真的，它仍然可能是一个有效论证。归根结底，有效性在本质上谈论的是论证的结构或形式。因此，论证的内容或者真值都无关紧要。

就以上例子的结构而言，假如我们用其他符号替代小猫、奶酪等，我们就能得到一个更普遍的论证形式：

1. 所有的 X 是 Y。
2. Z 是 X。
3. 因此，Z 是 Y。

在我们的例子里，X 替代的是"奶酪"，Y 替代的是"比哲学系的所有学生更聪明"，Z 替代的是"'小猫梅格'牌奶酪"。可见，以上例子不过是这个论证结构的一个特例。

因此，你需要注意的是，对于这个特定的形式而言，你无须赋予这些变量任何特定的含义，它就能成为一个有效论证。无论我们用什么内容来取代这些变量，它都是一个有效论证，只要前提是真的（即便事实上它未必是真的），结论就一定是真的。换言之，假如前提为真，但结论仍有可能为假，那么它就是一个无效论证。

总而言之，"有效性"概念不涉及内容抑或主题中立（topic-neutral）。在论证中，命题的内容是什么实际上无关紧要——有效性取决于论证具有一个可靠的演绎结构。因此，我们所举的奶酪例子便是一个有效论证，因为若其荒谬的前提为真，那么其荒谬的结论就必然为真。当评价论证的有效性时，前提是否荒谬的事实其实无关紧要。

求真的机器

另一种理解论证之工作原理的办法是，将其想象成生产三明治的机器。你从一端把原料（前提）放进去，从另一端取出三明治（结论）。可以说，演绎论证是最好的机器，因为你若放入了最好的原料（所有的前提都为真），那么三明治的高质量就能得以保证（结论必然为真）。当然，如果你的原料质量不佳，那么演绎论证就无法保证产品的质量。

无效论证通常是人们不想要的机器，因为它无法保证产品的质量。假如你放入了最好的原料（真的前提），你或许会得到质量好的产品（真的结论），但你也有可能得到一个令人沮丧的次品（假的结论）。

但是，无效论证却有一个特点（与生产三明治的机器截然不同）：有时你放入了坏的原料（一个或更多个错误前提），但你却能得到一个质量好的产品（真的结论）。当然，你放入坏的原料，也有可能只得到一些垃圾。换言之，你无法知道你从无效论证中能得到什么。而在有效论证中，当你放入质量好的原料（当且仅当你放入质量好的原料），产品的质量就能得以保证。总之：

> 无效论证
>
> 输入假的前提→得到真的或假的结论
>
> 输入真的前提→得到真的或假的结论
>
> 有效论证
>
> 输入假的前提→得到真的或假的结论

输入真的前提 → 总是只会得到真的结论

可靠性

因此，认同一个论证的有效性，并不表示我们认为它得出的结论一定是真的。而结论若要必然为真，当且仅当它同时满足如下两个条件：（1）论证是有效的；（2）前提是真的。换言之，"有效论证"加上"真的前提"，就得到了一个所谓的"可靠的"（sound）论证。把一个论证称为可靠的，便是对这个论证的最高认可。假如你认为某个论证是可靠的，那么这就意味着，你认为其他所有人都必须接受它给出的结论。这种关于可靠性的想法甚至也可被构建成另一个有效的、演绎的论证：

1. 假如论证的前提为真，那么结论必然为真。（例如，这个论证是有效的。）

2. 论证的前提为真。

3. 因此，论证的结论必然为真。

可靠的演绎论证一定是有效的论证，但有效性自身并不能说明该论证一定是可靠的。可靠论证不仅有效，它的前提还必须是真的。因此，严格地说，只有可靠论证的结论才必然为真。

有效性的重要意义

那么，你或许很奇怪，为什么"有效性"这个概念如此重要呢？毕竟有效论证的结论可以是荒谬的或假的，就像前文中的小猫奶酪的例子一样。显然，可靠性才最为重要啊。

好吧，但我们需要记住，有效性是可靠性的一个必要组成部分，假如论证无效，它就不可能是一个可靠论证。弄清楚你所主张的前提是否为真，尽管这很重要，但这并不足以确保你能得到真的结论。这可是人们常犯的错误。人们忘记了，从一组完全为真的前提出发，推理不佳的话，可能会得到完全错误的结论。记得这一点至关重要，从真理开始，也无法确保抵达真理。

此外，为了开展批评，把握有效性的意义就十分重要，它能够提供一个额外的工具来评价他人的立场。你可以通过以下两种方式来批评某个推理论证：

1. 批评他/她推理的前提是假的，

2. 或者，表明他/她的论证结构是无效的，而不管他/她采用的前提是真还是假。

虽然有效性不是我们论证、批判、思考中的唯一因素，但它却是一个关键因素。它是一个完全不可替代的哲学工具，掌握它吧。

同时参见：

1.1 论证、前提和结论

1.2 演绎

1.5 无效性

推荐读物：

Aristotle (384 – 322 BCE). *Prior Analytics*.

Fred R. Berger (1997). *Studying Deductive Logic*.

S. K. Langer (2011). Truth and validity. In：*Introduction to Symbolic Logic*，3rd edn，Ch. 1，pp. 182 – 190.

★ Jc Beall and Shay Allen Logan（2017）．*Logic：The Basics*，
2nd edn.

1.5　无效性

有效性的定义已然给出，那么无效性的含义似乎就显而易见
了。的确，无效论证的定义较为简单，它是指这样一种论证：前提
的真无法确保结论的真。换言之，在无效论证中，即便前提是真
的，结论仍有可能是假的。无效论证是失败的演绎推理，因此在某
种意义上，它根本就不是演绎推理。

然而，即便你准确地掌握了无效论证的定义，或许你仍无法合
理地使用这个工具。就如同知道马的定义是"实心蹄、食草动物、
家养的哺乳动物，用于运输和骑乘"[《柯林斯英语词典》（*Collins
English Dictionary*）]，你若按图索骥，仍会吃尽苦头一样。除了定
义之外，你还需要全面理解它的重要意义。让我们来看以下论证：

 1. 素食主义者不吃猪肉三明治。

 2. 甘地不吃猪肉三明治。

 3. 因此，甘地是素食主义者。

你如果认真思考，就会发现这是一个无效论证。不过，若你或其他
读者考虑再三之后才发现它是无效的，这也并不奇怪。那么，这是
一个明显的案例，假如一个足够聪明的人在这里就错误地判断了无
效性，你就可以设想一下，平时人们不能识别无效论证是多么普遍
的现象。

假如有人未能发现这是一个无效论证的话，其中的一个原因在于，这三个命题皆是真的。换言之，所有的前提都是真的，同时结论也是真的，人们就很容易认为这个论证是有效的（或可靠的）。但请记住，一个论证是有效的，当且仅当前提的真确保结论的真。它的意思也就是，根据这个论证的结构，如果前提是真的，结论就永远不可能是假的，那么这个论证才是有效的。以上的例子并非如此。毕竟，不吃猪肉三明治的人未必就是素食主义者。比如，他或她可能是吃肉的犹太人；他或她可能仅仅是不喜欢吃猪肉三明治，而更爱吃火鸡或牛肉三明治。

因此，第一个前提和甘地不吃猪肉三明治的事实，并不能说明他是一个素食主义者，只不过他恰好是一个素食主义者而已。由于有效论证才是可靠的，所以纵使论证中的三个命题皆是真的，这仍不能说明它是一个可靠论证。

记住，有效性指的是论证的形式或结构。在这个例子中，这个形式是：

1. 所有的 X 是 Y。
2. Z 是 Y。
3. 因此，Z 是 X。

其中，X 替代的是"素食主义者"，Y 替代的是"不吃猪肉三明治的人"，Z 替代的是"甘地"。通过将这些变量替换为其他术语，就可以得到前提为真但结论明显为假的论证，借此我们就知道这个结构为何是无效的了［术语替换会产生逻辑学家所说的论证形式的一个新的"替代实例"（substitution instance）］。假若我们用"猫"替代 X，用"吃肉"替代 Y，用"美国总统"替代 Z，就可以得到：

　　1. 所有的猫都吃肉。

　　2. 美国总统吃肉。

　　3. 因此，美国总统是一只猫。

前提都是真的，但结论显然是假的，因此这不可能是一个有效的论证结构。[通过进行替换，我们就能找到前提为真但结论为假的情况，这也就说明了一个论证的形式是无效的。以此来辨识无效性，也被称为"反例"（counterexample）。这是一种非常值得训练的强大技能。参见 1.7 和 3.12。]

　　因此，与有效性一样，论证的无效性并不取决于前提和结论的真假，而取决于它们之间的逻辑关系。这反映了哲学的一种更广泛、更重要的特性。哲学不仅要表达真的或明智的思想，而且在很大程度上要以牢靠的论证为基础给出正确的主张。或许，你对某一个哲学问题有着独到的见解，恰好碰运气它又是正确的；但在通常情况下，如果你不能通过有效论证来详细地阐述它，那么你的观点在哲学领域就毫无分量。哲学家们不仅关心真理，同时还关心它们为何是真的，以及我们如何证明它们为真。

同时参见：

1.2　演绎

1.4　有效性和可靠性

1.7　谬误

推荐读物：

★ Irving M. Copi（2010）. *Introduction to Logic*，14th edn.

★ Harry Gensler（2016）. *Introduction to Logic*，3rd edn.

★ Patrick J. Hurley and Lori Watson（2017）. *A Concise Intro-duction to Logic*，13th edn.

1.6 一致性

拉尔夫·沃尔多·爱默生（Ralph Waldo Emerson，1803—1882）曾在他 1841 年的著名文章《自立》（"Self-reliance"）中写道，"愚蠢的一致性是心灵卑微猥琐的表现"，但在所有的哲学错误中，你最不想被人指控的就是前后不一。在大多数情况下，将"一致性"（consistency，或译"相容性"）视为理性的基石并不过分。因此，要做好哲学，掌握一致性的观念与实践就是至关重要的。

"一致性"描述的是两个或更多个命题之间关系的属性。假若你持有两个或多个不一致的信念，这就意味着你根本无法在逻辑上处理它们何者为真。更准确地说，你持有的信念会陷入某种"矛盾"或"对立"，或者它们放在一起至少蕴含着矛盾或对立（3.10）。

命题之间是"矛盾的"（contradictory），即它们的真值是截然相反的，若一个命题为真，另一个命题就为假，反之亦然。命题之间是"对立的"（contrary），即它们不可能同时为真，但不同于矛盾，它们却可以同时为假。在对立的情况下，至少其中之一是假的。①

如同矛盾性和对立性一样，一致性也要涉及比较两个或更多个

---

① 举例说明："所有人都是秃顶"和"并非所有人都是秃顶"，两者是矛盾关系，即不能同时为真，但一方为真，另一方必然为假，反之亦然。"所有人都秃顶"和"没有人秃顶"两者是对立关系，即不能同时为真，但有可能同时为假。

不同的命题。然而，一个独立的句子也可以是"自相矛盾的"
（self-contradictory），当它给出的断言必然为假时——通常情况下
由两个不相容的句子构成。例如 p 和非 p（1.12）。你可以称这样的
句子是自相矛盾的。［这个观点可以与 3.10 中的"次一致性"
（paraconsistent，或译"弗协调性"）进行比较。］

　　所有这些都可被归结为一个简单的公式：两个或多个命题是一
致的或相容的，即它们（a）在相同的意义上且（b）同时为真，在
逻辑上是可能的。两个或多个命题是不一致的或不相容的，即它们
在相同的意义上同时为真，在逻辑上是不可能的。

显见的不一致性与真正的不一致性：以堕胎为例

　　极端的不一致性非常明显。假如我说"所有的谋杀都是不对
的"，又说"有的谋杀是对的"，那么我显然是前后不一的，因为第
二个命题与第一个命题相互矛盾。（或许有一个是假的，或许两个
都是假的，但不可能两个都是真的。）换言之，如果同时坚称"所
有的谋杀都是不对的"和"不是所有的谋杀都是不对的"，那这就
明显是一种对立（一个必然为真，另一个必然为假）。

　　但有时，我们也难以判定不一致性。因为显见的不一致性或许
会遮蔽深层的一致性，反之亦然。

　　例如，许多人同意杀害无辜的人是错误的，但这些人或许又相
信堕胎在道德上可以接受。某些反对堕胎的人正是认为，这两种信
念并不一致。这就是说，批评者认为，如果有人同时持有"杀害无
辜的人是错误的"与"杀死有生命的人类胚胎和胎儿可以接受"这
两种观点，那么他就是前后不一的。

然而，赞成堕胎的人或许会反驳说，假若正确理解这两个命题，就会发现它们之间并不存在不一致性。例如，某个赞成者就会指出，胚胎并不是我们通常意义上的人类（具有思想意识和独立生存能力，并已经出生的人）。换言之，辩护者可能对批评者进行反驳，指出她的反对意见是基于"一词多义"（equivocation；3.3）。或者，堕胎的辩护者可以修改限制内容的表述，以使观点更清晰（比如声称：只有杀害一个已经发育的、有良心的、有情感的、无辜的人，才是不对的）。

例外情况？

不过，我们一定要避免不一致性吗？有人认为并非如此。为了论证他们的观点，他们常举一些看似完美地符合了不一致性的例子，比如：

> 现在下雨了，现在没下雨。

当然，这里的不一致性显而易见。但这个句子其实并不是在说，现在既在下雨同时又没有下雨；而是指现在可能既不是在下雨，也不是没下雨，因为还有第三种可能性，即这个句子表明现在正下着蒙蒙细雨，或时下时停。或许这种模糊的可能性最能够清晰地描述现在的情况（3.1）。

在这个例子中，出现不一致性是因为言谈者偷换了术语的内涵。那么，第一个句子的另一种表述方式就是："在某个意义上，现在下雨了；而在另外一个意义上，现在没下雨。"为了使构成这句话的从句之间存在着真正的不一致性，则要求相关术语自始至终都保持着相同的含义。但是，如果你识别出了真正的逻辑上的不一致性，你的批判就几乎已经成功了，因为他人为不一致性做出辩护将会十分困难，假如不是完全不可能的话，除非他彻底地否认理性。然而，在诗意的、宗教的和哲学的背景之下，不一致性或许仍有存在的合理理由。

诗意的、宗教的或哲学的不一致？

丹麦存在主义哲学家索尔·克尔恺郭尔宣称，基督教的"转世"（incarnation，即"耶稣是神，耶稣是人"）概念就是一个悖论，它自相矛盾，公然冒犯理性，但仍然是真理。许多基督徒只是认为这个想法是一个难以理解的奥秘。

然而，这种困难可能不仅仅局限于宗教领域。无神论的存在主义哲学家阿尔伯特·加缪（Albert Camus，1913—1960）则认为，人类的存在根本上有很多"荒谬"之处（或许正是不一致性？）。后结构主义哲学家雅克·德里达关于"延异"（différance）的理论，提出了关于现实一致性的形而上学问题。哲学的小说和诗歌可能会使用涉及不一致性的修辞策略。"双面真理论者"（dialetheists）和其他思想家甚至质疑一致性是逻辑基础的观念（3.10）。或许，爱默生说的话是对的。或许，在一定的语境下，不一致性和自相矛盾的谬论都言之有理。

一致性≠真理

一般来说，不一致性在哲学里是一种瑕疵。但纵使承认这一点，一致性在哲学里是否就称得上一种重要的美德呢？这也不尽然。对哲学命题而言，一致性只不过是它们可以被接受的底线条件。换言之，一个人可以接受某个具有一致性的理论，同时接受另一个具有一致性的理论，但这两个理论却是不一致的。对任何理论来说，具有内在的一致性并不能说明它就是真理。实际上，正如法国物理学家、哲学家皮埃尔·莫里斯·玛丽·杜恩（Pierre Maurice Marie Duhem，1861—1916）与美国哲学家威拉德·冯·奥曼·奎因（Willard Van Orman Quine，1908—2000）所言，我们很有可能提出两个或多个理论：（1）它们的内部都具有一致性；（2）但它们彼此并不一致；（3）每一个理论又都能与我们观察到的经验事实保持一致。

以所谓的罪恶问题为例：如果上帝是至善的，那么为何人世间还有那么多的苦难（一种明显的恶）？我们该如何处理这个谜题？实际上，有许多理论都给出了相应的解释，但它们却并不一致。例如，你可以认为上帝其实并不存在，也可以认为上帝为了追求更伟大的善行而允许苦难存在。这些理论内部都是一致或融贯的，但由于它们彼此不一致，它们不可能同时正确。后者坚信上帝存在，前者却否定这一点。因此，建构或澄清哲学思想，需要提出符合一致性要求的命题，但即便做到了这一点，我们也未必能够解决手头的难题。面对不同的哲学理论，我们还需要求助于除了一致性以外的更多工具。我们究竟该如何做，这本身就是一个复杂且充满争议的话题。

同时参见：

1.12 重言式、自相矛盾和不矛盾律

2.1 溯因推理

3.10　矛盾/对立

4.2*　哥德尔和不完全性定理

4.6*　悖论

推荐读物:

David Hilbert (1899). *Grundlagen der Geometrie.*

★ P. F. Strawson (1952/2011). *Introduction to Logical Theory.*

★ Fred R. Berger (1977). *Studying Deductive Logic.*

★ Julian Baggini and J. Stangroom (2006). *Do You Think What You Think You Think?*

★ Aladdin M. Yaqub (2013). *Introduction to Logical Theory.*

1.7　谬误

"谬误"将会成为你的工具箱中最重要的工具之一,因为哲学常常要判定低劣的理性推理,而谬误——错误的推论——正是低劣推理的典型代表。由于每个无效论证都涉及一种错误的推论方式,所以在认识无效性(1.5)的过程中,我们已然足够了解谬误了。不过,虽然所有的无效论证都是谬误,但所有的谬误未必都是无效论证。无效论证之所以是谬误,原因在于它们的形式或结构有缺陷,但有的时候,内容错误同样会导致谬误。

当错误在于论证的形式或结构时,这样的错误推理被称为"形式的"谬误;当错误在于论证的内容时,这样的错误则被称为"非形式的"谬误。随着哲学的发展,哲学家们已经区分并命名了谬误的多个类型或种类。现在,人们常把谬误归为以下两种。

形式谬误

我们在 1.4 中看到，论证中最有趣的一点是，它们在逻辑上的成败并不完全取决于它们的内容，或它们所主张的事物。有效性，再说一次，是不涉及内容或主题中立的。论证的成功在很大程度上取决于其内容的结构。以下是一个有效的论证形式：

> 1. 所有的 X 都是 Y。
> 2. 所有的 Y 都是 Z。
> 3. 因此，所有的 X 都是 Z。

例如：

> 1. 所有的狮子都是猫科动物。（真）
> 2. 所有的猫科动物都是哺乳动物。（真）
> 3. 因此，所有的狮子都是哺乳动物。（真）

使用这种形式，只要前提是真实的，结论也必须是真实的（1.4）。无法绕过这一点。然而，稍微改变一下这些 X、Y 和 Z 的结构，有效性就消失了，论证就变为无效的了——这意味着，再次强调，如果前提为真，则结论不一定总是真的。

> 1. 所有的 X 都是 Y。
> 2. 所有的 Z 都是 Y。
> 3. 因此，所有的 Z 都是 X。

例如，用以下术语替代将产生真的前提但假的结论。

> 1. 所有的狮子都是猫科动物。（真）

2. 所有的老虎都是猫科动物。(真)

3. 因此，所有的老虎都是狮子。(假)

这是一个通过反例来展示无效性的例子 (1.5，3.12)。假如这个形式是有效的，那么代入任何内容，都不可能出现前提为真但结论为假的结果。有效的形式根本就不允许出现这种情况。这是一个重点。在我们逐渐讨论本书中的各种谬误时，请注意推理错误是源于错误的形式抑或其他原因。

非形式谬误

那么，什么是并非根源于错误的形式，而是完全源于错误的内容的谬误呢？它们是如何出错的呢？一个著名的非形式谬误的例子是"赌徒谬误"(gambler's fallacy)——它既容易蛊惑人心，又是一个糟糕透顶的推理方式。

例如，当赌徒猜测抛落硬币的正反面时，他就容易犯这样的错误。假如硬币连续七次正面朝上。根据这次或一系列类似的抛掷，犯错的赌徒得出结论：下一次抛掷的时候，更有可能是反面朝上（反之亦然）。这是非形式谬误，而不是形式谬误。我们可以构建一个有效论证，以说明此处的推理过程，尽管这是一个非常糟糕的推理：

1. 如果我已经连续抛出 7 次正面朝上，那么第 8 次抛出正面朝上的概率小于 50%（即应该反面朝上）。

2. 我已经连续抛出 7 次正面朝上。

3. 因此，第 8 次抛出正面朝上的概率小于 50%。

这里的形式完全有效，逻辑学家们把这种证明方式称为"肯定前项"（modus ponens，或译"肯定前件"），一种断言的方式。在形式上，"肯定前项"可被表述为：

1. 如果 p，那么 q。
2. p。
3. 因此，q。

赌徒谬误的缺陷在于第一个前提的内容：第一个前提是假的。因为下一次抛硬币（或者任何一次抛硬币）正反面朝上的概率皆是50%，无论之前的抛掷是什么样子。

的确，连续抛出 8 次正面朝上的概率或许很低。但如果已经 7 次正面朝上了（也是小概率事件），那么第 8 次的结果仍然是五五开。由于这种谬误在日常生活中十分常见，人们很容易犯这种错误，所以它被归类为一种谬误，并被给予了一个专门的名字。然而，它只是一种非形式谬误。

可见，逻辑学家们以这种精细的方式谈论谬误（如"形式的"和"非形式的"），但请记住，有些日常用语会偏离逻辑学家们的专业用法。有时，被人们广泛持有的错误信念，也被描述成一种"谬误"。但不要担心。正如哲学家路德维希·维特根斯坦（Ludwig Wittgenstein，1889—1951）所说，语言就像一座城池，里面有太多不同的街道和住所。在城市的不同地点，你接受不同的用法也没有关系。只要你能牢记自己身处何方。

同时参见：

1.7* 　条件/双条件

推荐读物：

★ S. Morris Engel（1974）. *With Good Reason*：*An Introduction to Informal Fallacies*.

★ Irving M. Copi（1986）. *Informal Fallacies*.

★ H. V. Hansen and R. C. Pinto（1995）. *Fallacies*：*Classical and Contemporary Readings*.

Scott G. Schreiber（2003）. *Aristotle on False Reasoning*.

★ Julian Baggini（2006）. *The Duck that Won the Lottery*.

1.8　反驳

对于乔治·贝克莱（George Berkeley，1685—1753）主教的观点——物质质料是不存在的，萨缪尔·约翰逊（Samuel Johnson）不以为然。詹姆斯·鲍斯韦尔（James Boswell）在《约翰逊传》（*Life of Johnson*）一书中告诉我们，当讨论到贝克莱的理论时，约翰逊曾用力踢向一块石头，说："我就这样反驳它。"

任何伟大的人物都有愚蠢的瞬间流传于世，约翰逊的反驳就可被视为这样的瞬间之一，这是因为他粗鲁地曲解了贝克莱的意思。贝克莱主教没有否认一个人能够踢到一块石头，他否认的是石头能被理解成物质质料。同时，约翰逊的反驳甚至不能被称为真正的反驳，该术语在哲学里有其特定的含义。

反驳一个论证，就是要说明该论证的理性推理是错误的。假若你仅仅表达了不同意的态度，那么你就不是在反驳——在每天的日常生活中，很多人正是在这种错误的意义上理解反驳的。那么，我们如何才能做到真正的反驳呢？

反驳工具

反驳有两种基本方法，每一种方法都会在这本书中不断出现。首先，你可以指出论证是无效的，即结论并不必然从前提中得出（参见 1.5）；或者，其次，你还可以指出有一个或多个前提是假的（参见 1.4）。

还存在着第三种反驳的方法——或者至少是准反驳。你所做的一切只需要表明结论必然是假的。这就是说，纵使你不知道论证的哪个环节出现了错误，但只要结论有误，论证的过程中就一定有错误之处（参见 3.25）。然而，最后的这种方法并不是严格意义上的反驳，因为一个人并没有指明何处有误，而仅仅是说它必然有误。然而，理解到"哪里一定出了问题"通常就足够了。

不充分的证成

反驳是一个有效的工具，但却不能草率地认为，只有反驳才能反对一个论证。即便你没有严格地使用反驳，你也可以合理地反对某个论证。例如，你或许不能找到哪个关键的前提有误，但你却能认为这个论证的证明不够充分。正如以"宇宙中还有其他智能生命存在"为前提的论证，我们虽然不能证明这个前提是错误的，但我们既有很好的理由相信它是正确的，也有足够的理由相信它是错误的。因此，我们宁可把任何以此为前提的论证都视为荒谬的，并且有理有据地忽略它。

概念问题

更容易引起争论的是，你还可以通过宣称概念使用有误的方式去反对一个论证。当一个概念看似准确但实际上模糊不清时，这样的问题尤为显著。例如，让我们来看这个论断：政府有义务向那些没有足够的钱维持正常生活的人提供援助。但鉴于无法准确地表述"足以维持正常生活"的含义，因而对这个意义上的"足够"与"不足够"进行严格的区分，都会导致该论证一定是不充分的。论证的逻辑可能是无可挑剔的，并且前提可能看起来是正确的，但如果你在精确的论证中使用模糊的概念，你最终很可能会出现偏差。

工具的使用

除了正面反驳之外，还有许多合理的方式去反对一个观点。重点在于，你要牢记反驳与其他反对方式的差异，并且清楚地知道你采用的是何种方式。

同时参见：

1.4　有效性和可靠性

1.5　无效性

3.4　二值律和排中律

推荐读物：

Imre Lakatos (1976/2015). *Proofs and Refutations*.

Karl Popper (1963). *Conjectures and Refutations*.

★ Jamie Whyte (2005). *Crimes Against Logic*.

★ Julian Baggini (2008). *The Duck That Won the Lottery and 99 Other Bad Arguments*.

★ T. Schick, Jr, and L. Vaughn (2020). *How to Think about Weird Things*, 8th edn.

1.9 公理

在一个演绎论证中，必然得到真的结论需要该论证是可靠的。这就是说，它不仅需要（1）论证是有效的，而且需要（2）前提是真的（1.4）。不幸的是，相较于判断论证是否有效，判断前提是否为真要困难得多。要么前提由一个论证来证明，而该论证自身的前提又要由其他论证来证明，这将无穷倒退；要么前提经过一系列循环又证明了自身；若非如此，就必须要有一个终止点，在这里，作为根基或基础的前提就被看作是真的（参见 1.1 中的阿格里帕的三难困境）。

公理的定义

由于这个原因，"公理"（axiom）概念便成为一个有用的哲学工具。在一个特定的理性系统里，公理起到了一种特定前提的作用。公理系统最初构建于几何学家欧几里得（Euclid，活跃于公元前 300 年左右）的名著《几何原本》（*Elements*）。在这个系统里，作为锚定的主张，它们无须得到进一步的证成——至少在这个系统

里。它们是整个理论系统的基石，以它们为前提，再通过多个步骤
的演绎推理，我们就能得到系统里的其他内容。在理想情况下，公
理应该不会受到任何理性行为者的质疑或反对。

公理演绎系统对自然演绎系统

然而，我们需要知道，不是所有的概念系统都是公理演绎系
统，甚至不是所有的理性系统都是公理演绎系统。例如，有些演绎
系统试图简单地复制和提炼人类日常思维中的推理过程。我们把这
样的系统称为演绎的"自然系统"：它没有设定任何公理，而是寻
求日常理性的实践。

公理的第一种类型

正如公理的定义一样，它们看似是一种强有力的前提。然而，
一旦你知道了以下这种公理类型，它们的有效性似乎就消失了。有
这样一种公理系统，其中，前提的真源自定义本身，例如"所有的
单身汉都是没有结婚的人"。或许是太多伟大的哲学家都没有结婚
的缘故，这个范例经常被用于定义真理。问题是，我们无法对这种
公理进行更多的讨论。这种公理纯粹是一种同义反复，这就是说，
"没有结婚的人"仅仅是用不同的词语，表达了已被包含在"单身
汉"之中的意思。[按照康德（Immanuel Kant，1724—1804）的说
法，这种命题有时也被称为"分析的"命题。] 因此，它是一个毫
无信息量的句子（除了那些不知道"单身汉"是什么意思的人），
我们也很难从中得出具有信息量的结论。

公理的第二种类型

　　另一种类型的公理同样源自定义，但更加有趣。数学和几何学中的许多领域都要依赖公理，并且在这些领域内，人们只有接受一些基本公理，才能构建更多复杂的证明。你或许可以把这样的命题称为系统中的"初始"语句。例如，在欧几里得的几何学体系中，"两点之间直线距离最短"就是一个公理。尽管这样的公理在几何学和数学体系中至关重要，但只有在这个特定的几何学和数学体系之内，这些公理才能被确保是真的。它们必然是真的，但要基于有限的前提，即只有在它们被定义的那个特定的语境中，它们才必然为真。在这种情况下，我们是否接受这些公理，就意味着我们是否接受其背后的整个理论体系。

绝对公理？

　　因此，有些公理并没有提供信息，而另一些公理仅限于特定的上下文。有些人可能会觉得这个解释不太令人满意，并且反对它。难道没有一种"普遍的公理"吗？它们在任何语境中都坚实可靠，并且能提供一定的信息；而且无论内容是什么，所有人都会认同。有些哲学家认为它们是存在的。

　　荷兰哲学家巴鲁赫·斯宾诺莎（Baruch Spinoza，1632—1677）在其《伦理学》（*Ethics*，1677）中，就试图从少数公理出发，建构整个形而上学体系。他相信，这些公理是普遍的真理，它们几乎与上帝的旨意完全一致。问题是，许多人都认为他的某些公理不过是一些空洞的、难以证明的或宗教的假设。例如，斯宾诺莎的一个公理是："如果没有给定一个确定原因，那么就不可能得出一个结果"（《伦理学》，Bk 1，Pt 1，axiom 3）。

但正如英国经验主义者约翰·洛克（John Locke，1632—1704）所说，就字面意思而言，这个主张毫无信息量，定义就足以说明它是正确的，因为所有结果都有原因。其实，这个公理似乎更接近于一种形而上学的论断，即世界上发生的所有事情都是结果，它们必然有其发生的原因。追随洛克的脚步，大卫·休谟指出，这个形而上学的主张也好不到哪里去。我们不仅仅没有理由认为它是真的，更重要的是，假如我们认为某件事的发生根本没有原因，这也不是完全没道理的［《人性论》（*A Treatise of Human Nature*），1.3.14］。中世纪伊斯兰哲学家安萨里（al-Ghazālī，1058—1111）在《哲学家的矛盾》（*The Incoherence of Philosophers*，"论自然科学"，问题 1ff）中也提出了相似的观点。

毫无疑问，斯宾诺莎声称他自己已经通过某种特殊的直觉［即"直观知识"（scientia intuitiva）］，获得了绝对正确的公理。同样，许多哲学家也都认为存在着像公理一样的"基本的"和"自明的"真理。但是，我们为什么要相信他们？

在很多理性系统中，公理都是一个有用的工具，而且公理演绎通常也能很好地发挥作用——尤其是作为数学和逻辑学理论的一部分。但是，假如认为这些公理绝对正确，任何理性的人在任何语境中都不能反驳它们，那就太荒谬了。

同时参见：

3.7 循环论证

1.6* 原因/理由或理性

4.1*   基本信念

4.9*   自明真理

推荐读物：

Euclid（c. 300 BCE）. *Elements*.

★ Alfred Tarski（1946/1995）. *Introduction to Logic and to the Methodology of Deductive Sciences*.

A. A. Fraenkel，Y. Bar-Hillel, and A. Levy（1973）. *Foundations of Set Theory*.

Fred R. Berger（1977）. *Studying Deductive Logic*.

1.10   定义

假如某处的石头上刻着哲学的十条戒律，那么毫无疑问，其中绝对有一条是"定义你的术语"。实际上，哲学中的定义太过重要，以至于有人认为"定义"（definitions）就是哲学主题的最终内容。

定义的重要性在于：假如没有定义，人们的论证就很容易陷入谬误，面对一词多义（3.3）的话也容易产生误解。以询问美国前总统比尔·克林顿的那个律师为例，如果他要质疑某人是否发生了婚外性行为，他首先要准确地界定什么是"性行为"；否则，争论到最后，一定会有人回过头来说："哦，好吧，我不认为这个行为属于性行为。"人类的多数语言都是含糊不清或有歧义的，我们若要尽可能精确地谈论某个问题，就应该尽可能地避免使用含糊不清或有歧义的语言。这正是哲学的目的之一，而准确的定义也是帮助我们实现它的完美工具。

自由贸易的例子

以"自由贸易"的正义问题为例。思考这一问题时，你或许将自由贸易定义为"不受国内法或国际法阻碍的商业交流"。但请注意，对自由贸易的这种定义，将会影响到你对相关问题的论述。其他人可能认为，他们对自由贸易的定义更加合适或准确，而这也会导致他们对正义有另外一种理解。假如你要回应他们，你可以选择采用一个新的定义，来为你原来的定义辩护，或者你可以重新给出另一个定义。如此反复。因此，界定一个复杂的概念，以及不断对它进行修正，都需要大量的哲学工作。

如上所述，清晰界定一个概念的重要性就在于：你得出什么结论，几乎都要取决于如何定义这些容易引起争论的概念（如"自由贸易"）。因此，你给出的定义既有助于同时又限制了进一步的讨论。有助于讨论的原因是，定义赋予了术语一个确定的或清晰的含义；而限制了讨论的原因是，你从该定义得出的结论并不适用于其他定义。事实上，日常生活中的许多争论或异议，都源于争论双方的定义不同，但他们甚至都没有意识到这一点。

过于狭隘或宽泛？

正是由于这个原因，找到一个合适的定义尤为重要。假若一个人下的定义过于狭隘或特殊，他最终的发现就不能像他想的那样得到广泛应用。例如，若将"男人"定义为有胡子的人类成年男性，就会得到一些荒谬至极的结论，如很多印第安男性就不是男人。很多批评者正是因为认识到了这一点，所以他们若想指出某个哲学术语的定义过于狭隘，就会举出一个既符合定义却又明显错误的例子。

相反，假若一个定义过于宽泛，同样会得到错误的或者引起他人误解的结论。例如，若将"错事"（wrongdoing）定义为"把苦难或疼痛强加于他人"，你就不得不把医生打针、处罚孩子、惩治罪犯、训练运动员等，都算在错事的范畴内。于是，批评他人的哲学观点的另一种方法就是，举出一个符合定义却又明显不属于这个范畴的例子。举例说明定义过于宽泛，也是反例（3.12）的一种具体类型。

可见，定义就像一个适用的标准：它划出一个界限，说明哪些事例适用于某个术语，以及哪些事例并不适用。在这个意义上，一个定义阐明了区分一种事物与所有其他事物的具体差异。完美的定义恰好包含了所有适用于该术语的事例，且将所有不适用于该术语的事例排除在外。它绝不允许有反例。

通常，哲学家们会思考使用一个概念或术语的充分条件和必要条件，以此来找到相对完美的定义。若想阐述亚里士多德（Aristotle）的著名定义（或许不是那么准确），一个人就可以指出人之为人的充分条件和必要条件：当且仅当某物是理性的、幽默的、有毛发的两足灵长类动物，我们就可以说某物是"人类"。思考定义的另一种方式是，将其视为一种特定类型的"界定性描述"（definite description），它明确地描述出了它所定义的内容。

经验法则

作为一种普遍规则，你的定义越接近它在讨论中的普遍用法，你的结论就越不容易引起质疑。然而，根据哲学家们所谓的"刺激性定义"（stimulative definition），我们给出不同寻常的定义有时不仅是合理的，甚至有可能是必需的。现在通行的词典就不能区分很多哲学意义上的重要概念，比如：在日常语言中，就没有一个术语能够描述人没有实际经历过的记忆。这就是说，如果有一天，我可以分享你的记忆，那么我既没有亲身经历过，但又有了相关记忆。假如我们还把这样的记忆称为记忆，那么这就会引起人们的误解。因此，哲学家们发明了一个特定的术语"准记忆"（quasi-memory，或 q-memory），用于指称这种在假设中才有的记忆。

悠久传统

　　在哲学史上，许多问题实际上都是在追问一个合适的定义。知识是什么？美是什么？善是什么？在这里，我们简单地说"知识，我通常的意思是像……一样的事物"，显然远远不够。因为我们追求的是那种能够最清晰地说明一个概念的定义，并且要以最概括或普遍的方式来这样做。许多与定义相关的哲学工作都要涉及大量的概念分析，或者要揭示、澄清一些重要概念的含义。然而，怎样是最好的表达或合理的分析，仍然引起了很多争议。实际上，许多哲学家的概念是否能够被定义，本身就是一个合理的哲学问题。或许，有些概念过于复杂，以至于它们无法被压缩成一个相当简洁的表述。或许，最好的办法是深入了解它们所出现的哲学理论系统，进而熟悉它们的用法。
　　但许多哲学家并没有因此而止步不前。对一些人来说，这是因为他们致力于探究现实的本质和人类的认知能力。例如，很多古代的或中世纪的思想家［如柏拉图（Plato，前 427—前 347）和阿奎那

（Tommaso d'Aquino，约 1225—1274）]，似乎有信心构建出合理的定义，因为他们坚信，包括"本质"（essences）或"本性"（natures）在内的现实能够独立于我们而存在，并且界定了事物到底是什么。此外，这些思想家相信，人类具有把握住这些本质并且用语言来表达它们的能力。许多近代的思想家（如某些实用主义者和后结构主义者）则认为，定义不过是一个概念性的工具，帮助我们彼此之间或与外在世界之间进行交流，除此之外，没有任何作用。这是因为最近的哲学在很大程度上放弃了这样的想法，不再认为人类语言能够有意义地表达真实的、独立的本质，甚至否认这样的本质存在。

分析概念的工作，与对哲学本身进行的哲学批评也有关系。一些思想家甚至认为，几乎所有的哲学问题最终都源于我们误解了日常语言的运作方式。以此来看，若要解决这些疑难问题，就要澄清我们使用语言的方式，以消除那些让哲学产生难题的混淆之处。不过，更准确地说，这项任务的确需要更多的工作，而不仅仅是审察定义，并且这也表明了如何正确使用语言是多么深刻地影响到了哲学。

同时参见：

3.13　标准

1.14*　亲知的知识/描述的知识

1.17*　必要/充分

2.10*　符号和能指

推荐读物：

★ Plato (c. 428 - 347 BCE). Dialogues *Meno*, *Euthyphro*, *Theaetetus*, and *Symposium*.

Richard Robinson (1950). *Definition*.

Ludwig Wittgenstein (1953). *Philosophical Investigations*,

§43，§§65-66.

Nuel Belnap（1993）. On rigorous definitions. *Philosophical Studies* 72（2/3）：115-146.

1.11　确定性和可能性

17 世纪，法国哲学家勒内·笛卡尔（René Descartes，1596—1650）宣称他发现了建构新科学的牢固基石，该科学能够找到关于世界的真理，且带着绝对的确定性。这个基石是一个不可置疑的概念，即"我思"（cogito）——或更全面地说，正如他在 1644 年《哲学原理》（*Principles of Philosophy*）的第 1 部分第 7 章中所言：这个基石就是"我思故我在"（cogito ergo sum）。笛卡尔论证："你在思考"是不容置疑的，因为无论你想错了、被骗或心有疑虑，你都在思考；假如你在思考，那么你就存在。

早期斯多亚主义者如克里安西斯（Cleanthes，约前 331—约前 232）和克吕西波（Chrysippus，约前 280—约前 207）坚称，有一些自然世界和道德世界的经验是具有确定性的，我们不能对它们有所怀疑，他们将这样的经验称为"把握性印象"（cataleptic impression）。之后的哲学家，如 18 世纪的托马斯·里德（Thomas Reid，1710—1796）相信，上帝确保了我们认知能力的准确性。他的同时代人扬巴蒂斯塔·维科（Giambattista Vico，1668—1774）则认为，我们能确定那些人为的或与人有关的知识，但不能确定与人无关的、自然的知识。近年来，奥地利哲学家路德维希·维特根斯坦试图表明，如果我们对确定的事物还有所怀疑，这样的行为简直没有意义。根据维特根斯坦的说法，一些所谓的怀疑（例如关于外部世界是否存在）也是毫无意义的。

还有一些人则怀疑我们对确定性知之甚少，甚至毫无所知，但也承认我们有可能掌握某些程度的可能性。希腊化时期的学园派怀疑主义者，如阿凯西劳斯（Arcesilaus，约前315—约前240）与卡涅阿德斯（Carneades，前214—约前129）似乎同意这种观点。然而，在声称自己获取了哲学真理的确定性或可能性知识之前，我们最好先思考一下确定性和可能性的含义是什么。

确定性的类型

"确定性"（certainty）经常被定义为一种感觉或心理状态（大概指人们毫无疑虑地相信某种事物的心理状态）。但如此这般定义确定性，只是简单地给出了一种心理学的解释，而这种心理学的解释没有说明，我们在什么时候有这样的心理状态是正当的。因此，对确定性的一种更加哲学性的解释则要增补这种正当性——或许是这样一种想法：当一个命题不可能为假时，它或许就被合宜地看作确定为真；或者，当一个命题不可能为真时，它或许就被合宜地看作确定为假。在通常情况下，这种具有确定性的命题也被称为"必然为真"或"必然为假"（1.12）。

怀疑主义者的疑问

用哲学语言来说，思想家面临的主要问题是：如何建立一个具有确定性的理论，而让所有人都难以质疑它的真值？怀疑主义者很擅长证明，任何一个理论都可能是错误的，即便它看起来正确（或者证明，任何一个理论都可能是正确的，即便它看起来有误）。在怀疑主义的警钟下，许多人都同意绝对正确的论断似乎难以企及。其中一个原因是，一个人必须确定自己是不是确定的。（你能确定，你真的是确定的吗？）

这是一个非常严肃的问题，尽管它或许对确定性没有造成不可逾越的麻烦。对大多数人来说，只要他们对掌握真理感兴趣，这就会对他们造成深刻的怀疑主义困扰。然而，显然并非所有的真理都是确定的。因此，也许在做出真的主张或声称能够获得知识时，并不需要确定性。有没有一种方法可以摆脱确定性的问题，并且仍然自信地找到不具有确定性的真理？假如我们放弃确定性，那么次好的选择是什么？若要回答这个问题，我们需要进一步学习认识论或有关知识的理论；但出于我们在此处关注的内容，我们倾向于认为这个答案是："可能性"（probability）。

假如确定性将带来难以接受的困扰，那么我们就会自然而然地退回到可能性这里。仅仅具有可能性的事物，依然占据了人类认知生活中的绝大部分。正如约翰·洛克在 1689 年的《人类理解论》（*Essay Concerning Human Understanding*）中写道："我们关心的大部分事物"只是"一种可能性的黄昏之光"。然而，作为一种避难所，可能性就像一个破木屋，小猪在狼来到稻草屋门口时逃到了这里。可能性也有其自身的脆弱性。

客观可能性和主观可能性

我们能够将可能性分为客观的和主观的。客观可能性是指：将要发生的事确确实实无法确定。放射性衰变就是一个例子。对放射性物质的任何一个特定原子而言，它在一半生命周期内衰变的可能性都是50％。这意味着，在10个放射性原子中，很有可能5个原子在一半生命周期内衰变，5个原子没有衰变。至少从某种物理学的解释来看，哪个原子将会衰变，的确是无法确定的。

主观可能性是指：虽然某事件在客观上得以确定，但人们却对该事件做出了可能性的判断。他们之所以如此做，是因为他们缺乏进行判断的充分信息。就某一事件的概率而言，人们通常基于过去的长期经验结果，以确定下一次该事件发生的可能性。

例如，假若我们将一枚硬币抛向空中，接到之后再让你猜正面朝上还是反面朝上，此时，结果其实已经确定了。但因为你不知道，你就不得不根据人们以往的知识——长期来看，正反面朝上的概率都是50％——来做出一个可能性的判断：50％的概率是正面朝上，50％的概率是反面朝上。假如你已经看到硬币了，那么就不存在五五开的情况。你将知道哪一面朝上，实际上，这是百分之百确定的。

在赛马中，赌徒和马术评论员设定的赔率，也属于主观可能性的种类。发布的赔率仅仅说明了那些对比赛进行主观判断的大多数投注者对结果的信念，而不是任何一匹马首先穿过终点线的真实概率。

确定性和有效性

假如你有一个有效的演绎论证，那么前提到结论的推导过程就具有确定性。然而，很多思考者不仅要求这个推导过程具有确定性，还希望结论本身也确定为真。让我们来看以下两个论证的差异：

　　第一个论证：

　　1. 如果昨晚下雨，那么英国就很有可能赢得这场比赛。

　　2. 昨晚下雨了。

　　3. 因此，英国很有可能赢得这场比赛。

　　第二个论证：

　　1. 两条平行线无法相交，这确定为真。

　　2. 这两条线是平行线。

　　3. 因此，这两条线确定无法相交。

第一个论证的结论显然只具有可能性，相较于它，第二个论证的结论则是一个确定的主张。但问题在于：这两个论证都是有效的演绎论证，或者说，这两个论证的结构都是有效的。因此，在这两个论证之中，前提到结论的推导过程都具有确定性（只要前提为真，结论就必然为真），即便第一个结论的内容只是一个可能性的主张，而第二个结论的内容则是一个确定性的主张。

　　因此，你必须区分（1）前提到结论的推导过程是确定的，或前提到结论的推导过程是可能的，以及（2）论证之结论所陈述的内容是具有可能性的或确定性的。

哲学理论

　　那么，怎么理解哲学理论呢？假如哲学理论能够满足确定性，优秀的哲学家们似乎就不用再争论什么是真、什么是假了。但实际上，这样的分歧无处不在。这是否意味着，哲学理论的真假也难以决断呢？深刻的分歧是哲学探究的基本特征吗？

有些哲学家认为不是这样。例如，他们可能会说，虽然很多分歧的确存在，但哲学家们也对很多问题达成了几乎全体一致的看法，例如他们都认为柏拉图形而上学的理念论是错误的，笛卡尔的心灵-身体二元论站不住脚。

还有一些多疑的人则对很多已经得到证明的问题都不那么确定，至少对哲学中的很多问题有疑虑。或者说，他们的哲学立场就是，世界缺乏确定性。

同时参见：

1.2 演绎

1.4 有效性和可靠性

1.5 无效性

1.9 公理

1.12 重言式、自相矛盾和不矛盾律

推荐读物：

Ludwig Wittgenstein (1969). *On Certainty*，§115，§341.

★ Barbara J. Shapiro (1983). *Probability and Certainty in Seventeenth-Century England*.

★ Peter Klein (1992). Certainty. In：*A Companion to Epistemology* (eds J. Dancy and E. Sosa)，pp. 61 – 64.

★ D. H. Mellor (2005). *Probability：A Philosophical Introduction*.

★ Alan Hájek (2019). Interpretations of probability. In：*The Stanford Encyclopedia of Philosophy* (ed. Edward N. Zalta)，Fall 2019 edn.

1.12　重言式、自相矛盾和不矛盾律

"重言式"（tautology）与"自相矛盾"（self-contradiction）是两个相反的极端：前者是一个必然为真的句子，而后者则是一个必然为假的句子。虽然它们在这个意义上是相对的两极，但它们实际上有着密切的联系。

按照通俗的说法，"重言式"是一个带有贬义的术语，用于嘲讽那些看似提供知识，但实际上只是简单重复已有知识的命题。例如，"那个罪犯违反了法律"。这个陈述就会被人们嘲笑为重言式，因为仅说罪犯违反法律，其实没有告诉我们任何关于罪犯的信息。一个人被称为罪犯，正是由于他违反了法律。

然而，在逻辑学中，"重言式"有更加严谨的含义。根据重言式的逻辑结构，它是指一种在任何语境中都必然为真的陈述——或者，如某些人所说，它在每个可能的世界里都必然为真。在这个意义上，重言式就是逻辑真理或必然真理。例如：

　　　p 或者非 p

假如 p 是真的，那么这个命题是真的；但假如 p 是假的，那么这个命题仍然是真的。无论用什么内容替代 p，情况都是如此，比如："今天是星期一""原子不可见"或"猴子做的千层饼很好吃"。我们可以看到，重言式是空洞的，因而很少被人提及。它的构成因素无论真假，都不会影响到这个命题的真假。

但这并不意味着，重言式没有哲学价值。理解重言式有助于我

们认识理性和语言的本质与功能。

作为重言式的有效论证

事实证明，所有的有效论证都能以重言式的形式表达出来。这就是说，每个有效论证皆可被表述为："假如 W、X、Y 是真的，那么 C 是真的"，W、X、Y 是论证的前提，C 是论证的结论。当有效论证使用这种方式进行表达时，它就是一个重言式。

不矛盾律

此外，"不矛盾律"（law of non-contradiction）是逻辑学的基石，而它也是一个重言式。这个规律可被表述为：

不能（p 并且非 p）

无论 p 是真还是假，这个命题都是真的，因而不矛盾律就是一个重言式。

我们不能把不矛盾律视为毫无内涵的，因为毕竟整个逻辑学都建立在它的基础之上。但事实上，逻辑律本身并不传达任何信息。

任何违背不矛盾律的做法都是矛盾的，并且人们普遍认为，无论在何种语境中，矛盾都明显是一种错误。矛盾公然违反了不矛盾律，因为它断言某事物在相同的意义上同时为真且为假，即同时声称 p 并且非 p。然而，由于不矛盾律是一个重言式，它在任何情况下皆为真，所以没有比坚信一个与之相悖的矛盾命题是更明显的错误和毫无意义的事情了——除非，你是一个逻辑上的双面真理论者

（参见 3.10）。

　　在哲学史上，不矛盾律也有重要的意义。这个规律影响了古代理论对"变化"和"多样性"的分析，而且对埃利亚的巴门尼德（Parmenides of Elea）来说至为关键，他于公元前 6 世纪提出了一个著名的命题："是者是，它不可能不是。"它亦是同一性问题的核心内容，例如莱布尼茨（Leibniz）就声称，同一的客体必须完全具有相同的属性。

自我反驳的批评

　　不矛盾律有一个好玩且有用的特性，正如亚里士多德在他的《形而上学》（*Metaphysics*）第 4 卷中所说，任何反驳不矛盾律的企图，都要首先预设不矛盾律，因此对亚里士多德而言，没有什么比不矛盾律更为确定了［同时参见柏拉图在《理想国》（*Republic*）第 4 卷中的表述，436b－437a］。

　　论证不矛盾律是假的，也就意味着它不是真的。换言之，批评者预设了他或她所批评的对象要么为真要么为假，但不能同时既为真且为假。但这个预设本身就是不矛盾律——批评者所试图拒斥的那个规律！换言之，任何试图否认不矛盾律的人，同时也就承认了不矛盾律。简言之，不能通过理性来反驳这个原则，因为它正是所有理性的根基。

　　因此，理解了逻辑学的最基本原则，我们也就明白了重言式为何必然为真，以及自相矛盾的命题为何必然为假。重言式与自相矛盾的命题的交点正是不矛盾律，我们与其说它是逻辑学的"基石"

(cornerstone)，不如说它是逻辑学的"拱顶石"(keystone)。[①]

同时参见：

1.4　有效性和可靠性

1.6　一致性

3.10　矛盾/对立

2.7*　莱布尼茨的同一律

4.6*　悖论

推荐读物：

Aristotle（384 – 322 BCE）. *Interpretation*，esp. Chs 6 – 9.

Aristotle（384 – 322 BCE）. *Posterior Analytics*，Bk 1，Ch. 11：10.

Graham Priest，J. C. Beall，and Bradley Armour-Garb（eds）（2004）. *The Law of Non-contradiction*.

---

① "基石"是建筑的根基或奠基之石，它对于建筑物非常重要，但它不是唯一的。如果基石不牢，建筑物虽然易倒，但却仍可以建立起来。"拱顶石"则是拱道建筑最顶端的一块石头，承受其他石头带来的压力。如果拱顶石损坏或没有起到作用，该建筑将会瞬间倒塌。

第 2 章

更多的高级工具

2.1　溯因推理

让我们来看以下例子，在这里，我们讨论的绝对不是一起绑架案，而是科学理性、哲学理性，也是日常理性的另一个重要维度。

森林深处的小木屋中，有一个人被绳索吊死了，门窗也都锁得严严实实。桌子旁边有一封自杀遗书，正是这个人的笔迹。那么，对这种情况的最好解释是什么呢？美国实用主义者查尔斯·桑德尔·皮尔斯（Charles Sanders Peirce，1839—1914）提出的"溯因推理"（abduction，或译"不明推论"），正是试图回答这种问题的有效工具。

溯因推理是一种推理的过程：面对既定情境，我们该如何做出最好的选择。因此，它亦被称为"最佳解释推论"。在日常生活中，我们都会经历一些需要解释的事情，但我们却可以想到多个解释。我们通常面对的问题在于，一组既有的数据可能不只给出一个解释。甚至有些哲学家认为，所有事情都有多个解释。这也正是杜恩和奎因的观点。不管他们的看法是否属实，的确有很多这样的事例，我们需要在诸多可能的解释中进行选择。在这种情况下，作为一个好的推理者，我们的任务就是决定哪个解释最好地符合了所有的证据。此时，溯因推理就要登场了。让我们回到之前的例子，看看到底是怎么回事。

稍微考虑一下，我们就知道，即便从表面上看这个人死于自杀，但一定还有其他更具有想象力的解释。或许这个人正在排练一出自杀的戏剧，为了不受打扰而锁上了门，却不小心出现了意外。或许美国中央情报局发明了一种时空转移的机器，杀手不用打开任何门窗便可以闯入小屋，他谋害了这个人，再伪装成这个人自杀的模样，然后悄悄逃离现场。或许森林中生活着恶魔的鬼魂，魔法般地进入小屋杀害了这个人，再鬼斧神工地设计成这个人自杀的样子，而后消失在空气中。这些解释看似荒谬，但都并不违背现场的情况。因此，现有证据并不能说明自杀就是唯一可能的解释。

那么，我们该选择哪个解释呢？根据溯因推理，哲学家们提供了进行选择的一些关键原则（但要注意，这里的每一条原则都面临着许多争议）。今后，这些原则便可以成为我们的工具，帮助我们在多个解释中进行选择：

> 简单性（simplicity）：假如可能的话，我们最好选择最简单的解释。它涉及的因果关系直接、清晰。在现有证据之外，

它尽量不必依赖更多的信息。[中世纪哲学家奥卡姆（William of Ockham）正因提出了这个如今被称作"奥卡姆剃刀"的观点而闻名于世。]

一致性（coherence）：假如可能的话，我们选择的解释最好能够与权威的解释保持一致。

可检验性或预测力（testability or predictive power）：假如可能的话，我们选择的解释最好是能够被证实或否定的预测。简言之，那种可以被检验的。（参见 3.31）

全方面的包容性（comprehensiveness in scope）：假如可能的话，我们选择的解释最好能够包括所有的内容，尽量不留下任何有待解释（或无法解释）的不确定因素。

换句话说，以上原则就是要我们"选择那种一目了然的解释"。

让我们回顾刚才的一种假设：那个吊死的受害者是个演员，排练戏剧时意外死亡。这个解释意味着，的确存在着一出自杀的戏剧，因此死者的遗物里应该还有这出戏的剧本。而且，它也增加了这个人是剧团演员或戏剧院学生的可能性。还有，他很有可能已经告诉了朋友他正在排练，等等。

然而，如果在检查了木屋和他的家、询问了他的朋友、调查了当地剧团之后，仍然没有发现相关证据，那么就可以排除这个解释了。这就是说，如果调查未能证实当初的预测，或无法找到相关证据，或无法找到有关线索，那么假设的真实性就降低了。如果再碰到相悖的证据（例如，发现这个人患有严重的舞台恐惧症），或与假设不符的线索（例如，这个人在过往中明确地厌恶戏剧），那么这个假设的真实性就更低了。

时空转移机的候选假设同样缺乏足够的证据：它需要假定这台匪夷所思的机器存在；它难以检验真假；它与我们对美国政府科技能力的了解以及我们对时空的理解并不一致。

恶魔鬼魂的假设则需要我们相信这种超自然实体的存在，而且我们还无法证明这一点。

相反，自杀的解释要简单得多。它既不需要我们相信超自然的灵魂，也不需要我们假定政府在秘密地、非法地操作一种尚未公开且不可能存在的机器。我们可以检验这个解释的真假（例如，寻找证明他忧郁的文件，或导致他郁郁寡欢的理由，像最近被开除、破产或离婚）。不像排练的假设，这个解释也不需要我们假定一些其他事物的存在（如剧本）。此外，这个解释还与我们对人类行为的了解一致。（可以说，）它解释了我们面前的每一个事实，且没有留下任何悬念。

数列推理问题

这似乎把一切都整理得井井有条。然而，像哲学中的许多情况一样，事实并非如此。在这类情况下，存在一个持续困扰着哲学家们的问题：无论我们的最佳解释如何更好，真的解释依然有可能是其他解释。因此，这种可能性依然存在，即溯因推理并不能保证我们选择的解释为真。甚至，这些原则还有可能成为我们了解真相的阻碍。怀疑主义者特别喜欢强调这一点。

例如，假若我们看到一个数列，包含数字 1、2、3、4、5、6，按照溯因推理的原则，我们很容易得出结论，该数列的下一个数字是 7。然而，这就是问题所在。实际上，该数列的下一个数字可能

是另一个数字。该数列的规律可能是前面五次加一，而后加十。在
这种情况下，下一个数字将是 16。简言之，根据溯因推理的原则和
已经看到的数列，7 是我们最好的选择，但这个选择却是错误的。
面对任何有限的数列，皆是如此。下一个数字常常会说明，我们原
先对该数列规律的总结是错的。由于在这些情况下，有限的证据可
能会误导我们，此时我们陷入的谬误被称为"可得性错误"（availa-
bility error）。

　　因此，很容易看出，为什么皮尔斯的溯因推理对实用主义者很
有吸引力，但对实在论者却很麻烦，因为实在论者坚持认为，科学
揭示了独立现实的唯一本质。而在实用主义者看来，溯因推理并非
让我们把握到关于客观现实的绝对真理，而是基于另一种观念：根
据可得到的有限证据与我们在生活中的需求，我们不得不尽最大可
能得到我们能得到的真理。皮尔斯本人认为，科学理论之间的共识
以及它们被证明的实用性表明，我们按照溯因推理选择的解释，会
越来越接近那个唯一的终极真理。然而，许多人仍然表示怀疑，并
认为解释必须始终保持开放性。

　　同时参见：

3.2　替代性解释

3.30　充足理由律

3.31　可检验性

2.8*　奥卡姆剃刀

　　推荐读物：

Charles Sanders Peirce（c. 1903）. Lecture VII on pragmatism
and abduction, §3 Pragmatism-the logic of abduction. In: *Collected
Papers of Charles Sanders Peirce*, *Vol. V. Pragmatism and Prag-*

maticism ［eds C. Hartshorne and P. Weiss (1934)］, pp. 121 – 127.

★ Peter Lipton（2004）. *The Inference to the Best Explanation*, 2nd edn.

Woosuk Park（2016）. *Abduction in Context*.

★ Kevin McCain and Ted Poston（eds）（2018）. *Best Explanations*.

2.2　假说-演绎法

《懂我懂你》是英国的一档幽默访谈节目，其中一期邀请了一位著名的小说家。节目中，主持人艾伦·帕特奇与这位来宾就夏洛克·福尔摩斯是否存在的问题发生了激烈的争执。帕特奇认定福尔摩斯是一个真实存在的人，他不仅侦破了案件，还亲自将它们记录了下来。最终，恼火的小说家问帕特奇："如果夏洛克·福尔摩斯是一个真人，他怎么还能够细致地描写出自己的死亡现场呢？"漫长的停顿过后，帕特奇反驳说："诺贝尔文学奖，你从没得过吧，不是吗？"

这样说或许有点夸张，但小说家使用的是合理性证明中的"假说-演绎法"（hypothetico-deductive，H-D）。许多科技哲学家，包括著名的卡尔·波普尔（Karl Popper，1902—1994）在内，都认为这种方法是科学研究的核心方法之一。科学的推理方法一般被看作归纳概括：根据一定量的经验观察总结出规律，再通过一系列检验核实规律是否正确（参见1.3）。假说-演绎法的想法则是作为该方法的一种替代选择而发展起来的。之前关于科学的观点，通常与弗兰西斯·培根的《新科学工具》（*Novum Organum Scien-tiarum*，1620）联系在一起。而这两种科学方法观点之间的争论，也在 19 世纪引发了约翰·斯图尔特·密尔（John Stuart Mill，1806—1873）与威廉·休厄尔（William Whewell，1794—1866）之间的争议。

假说-演绎法的理论试图说明，科学研究可以颠倒培根演绎法的次序。根据 H-D 理论，科学推理不是从观察开始，而是从解释性假说开始——例如，"固态铅比水重"。从这个假说出发，可以推出一些能够被检验的结论。这里就有一个显而易见的可检验的主张，即"用固态铅制作的物体会在水中下沉"。相应地，通过观察固态铅是否真的在水中下沉，我们就能检验之前的假说。在"强"的情形中，实验的结果可以证实或证伪一个假说；而在"弱"的情形中，实验的结果则能为假说提供正面或反面的证据。

哲学家卡尔·古斯塔夫·亨佩尔（Carl Gustav Hempel，1905—1997）提出了一个与之有关的概念，即"演绎-律则"（deductive-nomological，D-N）模型。这是一种解释的模型，而非证成。D-N 模型主张，假如一个命题能够从普遍性的科学定律或类似定律的陈述［称之为"覆盖率"（covering laws）］中推出，那么该命题就得到了解释。［H-D 和 D-N 这两种方法的古代雏形，或许都可以在柏拉图的"假说方法"那里找到，尤其在他的对话录《斐多篇》（*Phaedo*）99e，以及《理想国》532d 之中。］

作为合理性证明的假说-演绎法已经得到了广泛的应用，它也适用于帕特奇那个倒霉蛋的事例。假设福尔摩斯侦探小说是自传，依此前提，我们可以推出结论：该小说不能包含福尔摩斯的逝世，因为任何一本书都不能准确地描写出该书作者的死亡过程。福尔摩斯小说描写了福尔摩斯的死亡，这就证明了帕特奇的假说是错误的。

可见，假说-演绎法的基本步骤就是：设定一个假说和相关前提，依此推出一些结论，通过实验检验这些结论是否成立，进而判断最初的假说是否正确。

毫无疑问，在日常的调查研究和某些具体的科学领域中，假说-演绎法等类似方法都是十分有用的工具。但 20 世纪以来，它的局限性也越来越明显，对此我们一定要提高警惕。

假设造成的困难

需要提高警惕的一个原因在于，假说和从该假说推出的结论之间的关系并非显而易见的。甚至帕特奇的事例也是如此，如果福尔摩斯真的存在，他深谋远虑，并且策划了自己的死亡过程，而这个计划也得以完美的实施，那么他就有可能准确地描写出自己的死亡环境。假如他足够有预见性，他也能描述自己的死亡过程。尽管这些可能性很夸张，但它们表明，我们从假设中得出的结论还要取决于其他一些更广泛的假设，而它们设定了什么是正常的或真实的。

这为我们在哲学中使用 H-D 方法造成了一个困难，因为似乎很明显的是，对于其他真理，成功的哲学论证会尽可能地少做假设。假设越少越好（参见 2.1 中的"简单性"）。如果的确如此，且我们已经接受了一个能够检验该假说的宏观理论框架，那么对于该方法能够行得通的必要条件，我们通常就只能做最少的假设。然而，设定这样一个宏观理论框架，也就意味着我们已经做了大量的假设——实际上，这些假设太多了，以至于证成和解释似乎已经弱得令人难以接受。

检验造成的困难：普遍陈述、技术局限与乌鸦

　　H-D 理论面临的第二种困难不是源于它所需要的假设数量，而是源于难以设定能处理假设之真实性问题的检验。在通常情况下，这些问题主要是因为难以检验许多假设背后的普遍性——例如，"没有人是不朽的"。无论你杀死多少人去检验这个假设是否正确，从逻辑上说，活着的人中依然有可能存在着不朽之人。出于这个理由，卡尔·波普尔认为，我们虽然有可能去证明一些普遍陈述是错误的，但对许多重要的普遍陈述而言，我们无法充分检验它们的真伪。以"所有的天鹅都是白的"这个普遍陈述为例，通过指出一只黑天鹅，我们就可以证明它是错误的；但无论找到多少只白天鹅去证实它，依然存在着一定的可能性，我们遇到的下一只天鹅不是白的。

　　检验的技术局限同样会引发一些问题。比如，在天文望远镜得以发明之前，像伽利略这样的人不可能去检验亚里士多德关于"月亮的表面是平滑的"的猜想是否正确。并且，假如在月亮表面放置观察设备的科技没有出现的话，我们也无法检验月亮是否由反物质构成。当然，这些疑问在今天都已得到解决。相反，由于一些陈述非比寻常的特性，如理论物理学中的宇宙"弦理论"猜想或许永远都会超出人类的检验能力。那么，"弦理论"是否就是一种错误的科学理论呢？

　　最后，卡尔·亨佩尔曾经提出了一个逻辑难题，叫作"乌鸦悖论"（raven paradox），它始终困扰着哲学家们。这就是说，观察到一定数量的黑乌鸦，似乎就提供了证据，证明"所有的乌鸦都是黑的"。那么，根据标准逻辑，这个陈述就等同于"所有的非黑事物

都不是乌鸦",或者粗略地等同于"假如一个事物不是黑的,那么它就不是乌鸦"。(逻辑学家将第二个句子称为第一个句子的"换质位命题";参见 3.11。)但是,找到一个非黑且非乌鸦的事物(比如黄色的香蕉),是否同样可以作为论据去证明"所有的乌鸦都是黑的"呢?

总之,假说-演绎法是一个有用的工具,但它似乎并不像最初看上去的那样,具有十分强的适用性和解释力。

同时参见:

1.2 演绎

1.3 归纳

3.31 可检验性

推荐读物:

Karl Popper (1934/1959). *The Logic of Scientific Discovery*.

Carl G. Hempel (1945). Studies in the logic of confirmation, I-II. *Mind* 54 (213 – 214): 1 – 26, 97 – 121.

Carl G. Hempel and P. Oppenheim (1948). Studies in the logic of explanation. *Philosophy of Science* 15: 135 – 175.

Laura J. Snyder (1997). The Mill-Whewell debate: much ado about induction. *Perspectives on Science* 5: 159 – 198.

2.3 辩证法

在柏拉图的《申辩篇》(*Apology*)中,苏格拉底有一句名言:"未经审视的生活不值得过"(38e)。根据柏拉图的描述,苏格拉底心中所想的那种审视是辩证的。在某种程度上，正是由于柏拉图的倡导，"辩证法"（dialectic）的研究与发展才成为贯穿古代、中世纪和文艺复兴时期哲学教育的核心特征。它持续性地影响着哲学实践，尤其是在欧洲大陆哲学领域。

然而，辩证法却没有一个统一的、精准的定义。简单地说，辩证法大概是指一种哲学性的对谈。或者说，它是指在两种或多种观点之间有来有往的辩论过程。辩证法不同于"争论"（eristics）：争论主要涉及双方的胜负，而辩证法则旨在追求对某些话题的深层理解。辩证法亦不同于"辩护"（apologetics）：辩护是对既定真理（通常是宗教教义）的守护，而辩证法则试图发现或揭示尚未被人们认识到的真理。辩证法的实践过程大致如下所示：

1. 一方（甲方）提出一个观点。

2. 另一方或多方（乙方）提出反对的观点，或对最初的那个观点（或多个观点）展开批判，寻找观点内部的错误、不连贯性或逻辑上的前后矛盾，以及可能引出的荒谬结论。

3. 甲方根据他人提出的诘难进行辩解，抑或修正最初的观点。

4. 乙方根据甲方的辩解或修正后的观点，再次进行新的批判，提出反对的观点。

5. 最终，人们就会对该问题有更加准确且/或更加深刻的理解。

因此，在辩证思考的过程中，"他者"的存在非常关键。这就是说，辩证思考的参与者里，一定要有人站在反对方或对立面。这种"他者"或反对方也被称为"否定"。辩证法还涉及一种试图超越最初的观点、反方的观点以及由此而产生的批判的观点的努力，进而追求更好的结论。

柏拉图：同一性与他性、综合与划分

在通常情况下，辩证过程被视为哲学前进的发动机，或推动哲学发展的强大动力。辩证论者认为，思考始于人们的许多不同的、模糊的、不一致的、混乱的观点，而在它们之间，有人瞥见了真理或掌握了部分真理。在与他者进行深入的论辩、回答他人质疑的过程中，同一的或单一的真理逐渐显现，因而人们更加完善或完满地认识到了它。因此，对柏拉图而言，人们通过辩证法超越了对真理多个表象的认识，而最终把握到了同一的真实"理念"，万事万物都是对它的模仿。在柏拉图著名的"线喻"（Divided Line）和"灵魂马车"（Charioteer of the Soul）[《理想国》，523d - 534a；《斐德罗篇》（*Phaedrus*），276e5 - 277c6] 中，你都可以找到许多相关的例证。具体而言，柏拉图的辩证法涉及相同性与差异性，例如，如何确定某些事物属于同一类，它们为何与其他事物不同。这个过程就是柏拉图的著名方法——"综合与划分"。

然而，伟大的德国哲学家伊曼努尔·康德在《纯粹理性批判》（*Critique of Pure Reason*，1781）的"先验辩证法"章节中则指出，涉及形而上学时，由于人类理性自身的特点，人类不可能把握到整体、完满和真理。人类把握终极现实的尝试终将失败，取而代之的则是无穷无尽的、不可能解决的冲突与幻象。按照康德的观点，有来有往的形而上学辩证法更像是一个陷阱，而非通向真理之途。

黑格尔的辩证法

在《精神现象学》（*Phenomenology of Spirit*，1807）中，格奥尔格·威廉·弗里德里希·黑格尔（Georg Wilhelm Friedrich Hegel，1770—1831）否定了康德的批判。他不但坚称形而上学辩证法可以全面地把握绝对真理，而且认为现实的发展过程也是辩证的。

从那时起，黑格尔的观点就被误认为是最著名的辩证法模式。按照他的辩证法模式，辩证始于"正题"（thesis），反对它的命题被称为"反题"（antithesis），它们之间进行对抗的结果则是"合题"（synthesis）。合题是通过一种上升的、超越性的活动，即"扬弃"（sublation，或 aufhebung）来实现的，而最终达成的结论也就经历了 aufgehoben——字面意思是"被扔向上方"（thrown upwards）。

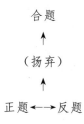

从历史的角度看，问题在于，黑格尔并没有精确或充分地使用这种模式。虽然他将历史看成辩证发展的，否定之后经历了综合和扬弃的过程，但他并没有界定发展过程中的"正题"和"反题"。反而是诗人约翰·克利斯托夫·弗里德里希·冯·席勒（Johann Christoph Friedrich von Schiller，1759—1805）发展了这种模式，而约翰·戈特利布·费希特（Johann Gottlieb Fichte，1762—1814）

也在他的《知识的科学》(*The Science of Knowledge*，1794—1995)
中投入了大量的精力，而且与谢林（F. W. J. Schelling，1775—1854)
的做法完全不同。

辩证唯物主义

著名社会主义哲学家卡尔·马克思（Karl Max，1818—1883)
与弗里德里希·恩格斯（Friedrich Engels，1820—1895）则认为，黑
格尔的辩证法是"头足倒置"（on its head）的［参见马克思：《资
本论》(*Kapital*) 第 2 版编后记，1873；《神圣家族》(*The Holy
Family*)，1845]。马克思和恩格斯同样坚称，社会现实的发展是
辩证的，他们将这一过程称为"辩证唯物主义"（dialectical materi-
alism)。[这个术语并非马克思和恩格斯的原创，而是源于 1887 年
的约瑟夫·狄慈根（Joseph Dietzgen）和 1891 年的格奥尔基·普
列汉诺夫（Georgi Plekhanov)。然而，恩格斯的确在《自然辩证
法》(*Dialectics of Nature*，1883）中将他和马克思的思想形容为
"唯物辩证的"，以区别于黑格尔的"唯心主义辩证法"。]

与黑格尔一样，马克思和恩格斯将历史视为一个前进的、辩证
的发展过程，认为否定因素推动了历史的发展。但对马克思和恩格斯
而言，这个过程并不是指理论、理念或精神之间的冲突，而是经济阶
级之间的斗争。于是，在黑格尔那里，辩证过程的最终结果是关于绝
对真理的"绝对知识"（das absolute Wissen)；而在马克思和恩格
斯那里，唯物辩证的结果则是理想的、没有阶级差异的社会生活状
态，即"共产主义"。从此，许多不同流派的批判理论家都致力于发
展、完善与综合古代辩证法、黑格尔辩证法和马克思主义辩证法。

同时参见：

2.4* 　黑格尔的主/奴辩证法

3.1* 　阶级批判

3.11* 　萨特的"自欺"批判

推荐读物：

★ Plato（fourth century BCE）. *Republic* and *Phaedrus*.

Aristotle（fourth century BCE）. *Topics*，Books 2 – 7.

Scott Austin（2007）. *Parmenides and the History of Dialectic*.

Theodor W. Adorno（2010/2017）. *Introduction to Dialectic*.

Slavoj Žižek（2012）. *Less Than Nothing*：*Hegel and the Shadow of Dialectical Materialism*.

2.4　类比法

毋庸置疑，柏拉图的《理想国》是西方哲学史上最著名的文献之一。该书以呈现了一种理想的政治秩序而闻名于世，但细心的读者不难发现，柏拉图笔下的苏格拉底在描述正义的城邦时，正是将其类比于正义的人类灵魂或心灵（psychē；《理想国》，368b – 369b）。实际上，这本著作充满了类比。苏格拉底描绘了一个洞穴，里面的居民生活在黑暗之中，就像他们对现实的认识一样（514a – 520a）。他描绘了一艘载满愚人的船，掌舵的不是精通航海知识的人，而是那些足够聪明、能够获得权力的人（484a – 502c）。可能是因为没有找到其他的表达方式，柏拉图还试图通过太阳的类比，来传达那种超越性现实与智性的本质（507b – 509c）。

同样，中世纪哲学家托马斯·阿奎那认为，如果我们无法用准确的文字勾勒出上帝的本质，那么我们也可以通过"类比的"方式[参见《神学大全》(*summa theologica*)，Ia. 13.5]，大致描绘出上帝的属性，如"善"和"一"等。

真理或现实等抽象概念虽然难以把握，但是我们却可以轻易地接触到城市、船只、星空和洞穴中的隐居者。"类比"(analogies)能让我们把联想运用于哲学思考，因此它才是如此有用的一个哲学工具。

理性推理中的类比

显然，类比在我们的生活中有许多用处。在诗歌、小说、电影、道德、宗教、管理和体育等领域，我们都能用类比来表达自己的观点。其中，它最重要的用途可能在法律领域的推理之中。当律师援引先例来为自己的案例辩护时，他们便是诉诸类比论证。简言之，他们会说："当前的这个案例类似于以前的案例，因此法庭的裁决应该与当年的裁决相似。"而反对方也会试图证明，这个案例与假定的先例并不类似，因而裁决也应该不同。

经验科学中的理性推理同样要诉诸类比。无论何时，我们一旦发现了一个新的现象，就试图用已经掌握的规律去解释它，但这个规律却是通过以往的经验总结出来的；因此，我们在用规律解释新的现象时，就表明新的现象与该规律所描述的过去的现象是类似的。18世纪的哲学家大卫·休谟就注意到了这一点，他曾写道："人类所有涉及客观事实的推理，都以类比为根基"[《人类理解研究》(1748)，Sect 9，§1]。康德更是认为，正是由于经验类比，"知觉间的必然联系"的表象才是可能的[《纯粹理性批判》(1781/1787)，Div 2，Bk 2，§3]。

论证、阐释、直觉

类比在哲学中可以起到两个方面的作用。正如经常在柏拉图那里看到的那样，它可被仅仅用于阐释。当苏格拉底把善（the Good）比喻为太阳时，他或许只是为了借用太阳的形象，来促使他的论点生动起来，或作为一种直觉泵（2.6），让人们对手头的话题有更深入的了解。

然而，在另一种情况下，类比可被用来论证一个结论——发展出了逻辑学家所谓的类比论证。让我们来看证明上帝存在的一个最流行的论证，即"设计论证"（argument from design）。从古代的斯多亚主义者到英国神学家威廉·佩利（William Paley，1743—1805），这个论证已经得到许多思想家的改进。这个论证是指，正如人工制品（如一块手表）表明了手工业者的存在一样，（按照类比）宇宙万物则表明了神圣创世者的存在。在此处，用手表做类比就不仅仅是为了阐释一个观点；相反，这个类比是用于证成或证实我们为什么能够得出神圣创世者存在的结论。

强与弱："错误类比"的谬误

可见，类比推理不但十分有效，而且非常重要。然而，风险同样存在。如同启示一样，类比也可以误导他人。换言之，类比既可以是强的（strong），也可以是弱的（weak），那么我们如何分辨两者呢？简单地说，两者的差异如下所示：

　　强的类比：一个类比是强的，当比较的双方（1）共享一种较大的或决定性的相似性，以及（2）没有表现出一种较大的或决定性的差异性。

弱的类比：一个类比是弱的，当比较的双方（1）没有共享一种较大的或决定性的相似性，以及（2）表现出一种较大的或决定性的差异性。

当一个论证依赖于一个弱的类比时，这样的推理可被视为一种"错误类比"（false analogy）的谬误。让我们思考一下前述的设计论证，其中的类比究竟是强的还是弱的？西塞罗（Cicero，前106—前43）和休谟都曾指出，自然宇宙和人工制品之间有很多关键性的差异。例如，我们都看到过工匠如何制作手工艺品，但却没有人见证过宇宙的诞生过程，而且似乎以后也不会有人能够见证。因此，虽然这两者之间有相似性，但由于两者之间有较大的差异性，该论证的效力也就被削弱了。

一个强的类比，应该在那些数量抑或相关性方面的相似性都远远超过它们之间的差异性的双方之间进行比较。仅仅使用一些听起来美妙、机智的短语，如"拒绝接受阳光的花儿永远不会盛开"，显然远远不够。

同时参见：

2.6　直觉泵

2.11　思想实验

2.12　有用的虚构

1.6*　原因/理由或理性

推荐读物：

★ David Hume （1770）. *Dialogues Concerning Natural Reli-*

gion.

Ralph McInerny（1961）. *The Logic of Analogy*.

D. H. Helman（ed.）(1988). *Analogical Reasoning*.

Paul Bartha（2010）. *By Parallel Reasoning：The Construction and Evaluation of Analogical Arguments*.

★ Douglas Hofstadter and Emanuel Sander（2013）. *Surfaces and Essences*.

2.5　特例与例外证明规则

在英语世界中，"例外证明规则"（the exception proves the rule）是最令人困惑的说法之一。乍看之下，这种说法荒谬至极：假若规则是"所有的天鹅都是白的"，而我找到了一只黑天鹅，那么它显然不能证明规则，而只能说明规则有误。

然而，无论何时，我们如果碰到一些过于明显的错误，就该采用宽容原则（参见 3.23），仔细想想它们的真实意思是否就是看上去的意思。就此处而言，这种说法之所以荒谬，是因为我们偷换了词语的用法："prove"有一种旧式的含义，即检验、检测，而非证明。根据这个词源学中的知识，该说法似乎就清楚多了。（与其说"例外证明规则"，不如说"例外检验规则"。）

那么，在何种意义上，例外可被用于"证明"或"检验"一个准则，而不仅仅是简单地说明该准则有误呢？通过休谟对规则之外的特例的解释，我们或许可以找到这个问题的答案。

在休谟的经验哲学中，他提出了一个普遍规则：我们所有的

"观念"（ideas，他大致是指我们的思想以及其他精神的表述方式）全都源于"印象"（impressions，他大致是指感觉、情感和反应）。进而，他指出，"最生动的思想仍然不及最迟钝的感觉"［《人类理解研究》(1748)，2.1］。

然而，以上两个规则显然都存在着例外。休谟自己讨论过其中之一。他让我们想象有这样一个人，她从来没有看到过蓝色。假如我们把缺乏蓝色的色谱放在她面前，她能够看到颜色由深到浅的完整变化，唯独在缺乏蓝色的地方，她没有任何经验感受。那么，即便她没有看到过蓝色，她能否根据颜色的变化而想象出蓝色是什么样子的呢？休谟承认她能够做到，这也就意味着，至少在这种情况下，人们能够在缺乏相应的原初经验感受时获得一种观念。

弱化规则

休谟是如何回应这个例外情况的呢？他不但认为这个例外没有否定自己的理论，反而写到，这个事件是特例，几乎不值得我们去考察。或许，休谟的话正好揭示了规则的本质。这就是说，休谟从来不认为规则是绝对的、毫无例外的；而是说，规则描述了大多数情况的普遍共性，但并不涵盖所有情况。规则不是绝对的，它偶尔也承认特例。

对规则的修正与辩护

不符合规则的现象通常被称为"异常"（anomalies）。处理异常的第一种方式是，将规则弱化，让异常有存在的空间。而应对异常的另一种方式则是表明，如果我们正确地理解了规则，那么这些现象其实并没有真正地违反规则。让我们来看以下例子。

有时，经历过灾难的人会说，他们已经不记得当时具体发生了什么事情，但总是有一些逼真的瞬间在他们的脑海中闪过，让他们感到很痛苦。在这样的情况下，之后的瞬间（记忆）或许比最初的印象（真正的灾难体验）更加真实。

这个现象似乎违反了休谟设定的规则：我们对事件的印象要比记忆更加强烈。但休谟或许可以指出这个例子的不同寻常之处，从而挽救自己的规则。例如，休谟能够宣称，某些随后发生的、附加的反应机制（比如创伤后的病症）会改变我们获得的观念，而他给出的原则并不包括这样的情况，因此仍然是真的。实际上，休谟的理论正是这样做的。同样，艾萨克·牛顿（Isaac Newton，1643—1727）的运动定律指出，运动的物体会保持运动——除非（expect）物体受到外力的影响。

简言之，某些看似能够证伪规则的事例，或许并不属于规则适用的范围；而通过指出这一点，我们就可以表明该规则是可靠的。因此，创伤后的闪回记忆是一个例外，它不足以证明休谟的规则有误。毕竟，按照定义，"例外"是指那些并不适用于该规则的事例；并且，只有规则已经有了其适用的范围，"例外"才有可能存在。

偶例谬误

如果在解释一个具体事例时，使用了一个不恰当的普遍规则，那么这样的谬误就叫作"偶例谬误"（fallacy accident）。

例如，假若有人说他有自由发表言论的权利，因此他有权恐吓他人的正常生活，那么你就可以指责他犯了这样的错误。这是因为言论自由权意味着，政府不会干涉人们自由地表达政治观点或不造成任何伤害的言论，但不代表政府会保护威胁、骚扰、诽谤和侮辱性的言论等。同样，牛顿定律指出，运动的物体会保持运动，但这却不包括那些受到外力影响的物体。

　　总之，我们已经解释了如何通过例外来证明规则。这不是荒谬的做法，而是一种可靠的理性研究。假如规则允许例外的出现，那么我们就需要重新考虑这个规则：考虑它的形式是否需要改变，考虑它的内容是否需要重新解释或进行修正，甚至考虑它是否应该直接被抛弃。作为偶尔违反规则的现象，异常可以被暂时搁置。但是，在彻底抛弃这条规则之前，我们究竟能容忍多少异常的出现？回答这个问题并不简单。实际上，在不同的语境下，答案可能会有所不同。

同时参见：

3.5　范畴谬误

3.12　反例

3.23　宽容原则

推荐读物：

★ Thomas Kuhn (1962). *The Structure of Scientific Revolutions.*

G. P. Baker and P. M. S. Hacker (1984). *Scepticism, Rules and Language.*

John McDowell (1984). Wittgenstein on following a rule. *Synthese* 58：325 – 363.

2.6　直觉泵

科学与哲学中的很多思想都难以把握。为了帮助我们理解这些思想，科学家与哲学家都会使用一些比喻和形象化的描述。

例如，柏拉图在《理想国》中的"善"理念就是极度抽象和模糊不清的，而他在第 7 卷（507b - 509c）中则鼓励我们将其想象成太阳。据此，我们就能够更好地理解这个理念。他告诉我们，正如太阳使自然物体可以被看见一样，至善使整个世界是可知的。

近年来，"人格阶段"概念被引入个人同一性的研究之中。这也是一个奇怪的概念，为了理解它，我们通常会进行一个简单的类比。比如，想象一根胡萝卜，在它发育的任何一个阶段，我们都可以切下来一小片去观察这个独立的客体。同样，假如一个人的整个人生都随着时间和空间而延伸，那么我们在任何一个阶段，都可以通过"时间-切片"或"人格阶段"去界定个人的同一性。

这些例子中的太阳和胡萝卜都起到了"直觉泵"（intuition pumps）的作用。它们不是哲学论证，而更像是一种想象、叙事或类比，通过告诉我们一些生动的、具体的事物，帮助我们理解更加晦涩或抽象的问题。

工具的使用

但是，我们为何称其为"直觉泵"，而不是一般的比喻、例证或类比呢？这个问题的答案就在该词组的起源之中。如同"贵格派教徒"（Quakers）或"公理会教徒"（Methodists）一样，"直觉泵"这个响亮的完美称呼最初不过是一种带有贬义的批判。在批评约翰·塞尔（John R. Searle，1932—　　）在他的《心灵、大脑与科学》（*Minds，Brains，and Science*，1984）中所阐述的著名"中文房间"论证的过程中，丹尼尔·丹尼特（Daniel Dennett，1942—2024）引入了这个术语。丹尼特声称，尽管它的名字里有论证，但它根本就不是一个论证，而只是"迸发的直觉"（intuition pump）。这个术语是为了指明，论证与类比（在这里，类比是证成某个结论的核心方式）是不同的，类比实际上根本不是论证的一部分，而只是领悟或阐述的工具，用于辅助我们的理解。作为领悟的工具，它们与思想实验（2.11）有关，但不同于思想实验的是，它们的目的并非证明或论证。

其实，识别和利用那些迸发的直觉极其有用，就像丹尼特自己所用的卓越天赋一样。如果使用妥当，它们都能成为辅助理解的强力工具。例如，在心灵哲学中，"功能主义"（functionalism）的理论是难以理解的，尤其是在它使用"输入"（input）和"输出"（output）来解释问题的时候。然而，我们假如把大脑比作计算机的硬件，将心灵比作其中运行的程序，就很容易把握到这个理论在试图说明什么了。

问题

然而，直觉泵同样可以将我们引向歧途。有时，只不过是迸发的直觉，对我们而言却像是一个论证。这种有争议的例子在约翰·洛克的著名段落中就可以找到。洛克问：假如我们拥有古希腊人的灵魂，却对他们曾经的生活一无所知，那么我们是否仍是原先的古希腊人呢？基于直觉，人们都会给出否定的答案，但需要注意的是，这里实际上并未给出任何有效的论证，证明我们是或不是原先的古希腊人。洛克所做的，只不过是提出了一个直觉上并不清晰的问题（"记忆是决定个人同一性的必要因素吗？"），之后用一个依靠直觉就能做出判断的假设情景进行回答。这种做法只会让我们思考的问题变得更加容易理解，但它绝不是为了得到结论而给出的一个论证，而作者和读者却都很容易混淆它们。

因此，准确地区分迸发的直觉与理性的论证尤为关键。同样重要的是，我们要认识到，迸发的直觉不过是帮助我们理解的工具，或者激发我们进一步思考的动力。证明则是另一回事。于是，在用迸发的直觉解释问题时，你最好足够谨慎。

有很多未能做到这一点的失败例子，或许其中最臭名昭著的就是理查德·道金斯（Richard Dawkins）在解释其著名短语"自私的基因"时所采用的方式［《自私的基因》（*The Selfish Gene*，1990）］。在将基因称为"自私的"之后，道金斯做的仅仅是帮助我们理解，该基因并不会做最利于携带该基因的个体有机体的事，不会将这个有机体视为一个整体——该基因仅仅复制自身。但人们过于看重这个词组的字面意思，以至于既误解了道金斯，也误解了以基因为核心的进化论。基因不是只关心自己的，因此也不会是自私的。或许这个错误说明道金斯选择的直觉泵并不是很好的一个。但至少，这说明一个人在使用直觉泵时要承担一定的风险。

同时参见：

1.1　论证、前提和结论

2.4　类比法

2.11　思想实验

2.12　有用的虚构

推荐读物：

D. C. Dennett（1980）. The milk of human intentionality. *Behavioural and Brain Sciences* 3：428 – 430.

Daniel C. Dennett（1995）. Intuition pumps. In：*The Third Culture*（ed. John Brockman），pp. 181 – 197.

John Dorbolo（2006）. Intuition pumps. *Minds and Machines* 16（1）：81 – 86.

★ Daniel C. Dennett（2013）. *Intuition Pumps and Other Tools for Thinking*.

2.7 逻辑建构

普通的英国人每天要花一个小时上网。

从哲学的视角来看，这个句子非常有趣，因为它显然是一个具有真值的句子（它要么真要么假），但其中涉及的两点——"网络"和"普通的英国人"——却是模糊不清的。你无法与普通的英国人聊天，你也无法在网络里捕捉鱼虾。那么，它们究竟是什么意思呢？

"普通的英国人"与"网络"都属于逻辑建构。这就是说，它们两者都不可能独立存在，它们都可被理解为许多其他事物（这些事物的存在是没有争议的）的总和。并且，它们都会引出很多问题。

类型 1：网络

让我们先看网络。假如把网络视为一个独立的存在，那么这就会显得很奇怪，因为我们不可能像描述生活中的事物那样来形容它。我们无法描述它的大小、轻重、形状，等等。但在某种意义上，网络的确存在着，人们毕竟几乎每天都在使用它。（我们正是使用它写了这本书！）这个难题是可以解决的，只要一个人把网络描述为一系列其他具体事物和行为的总和。

当电脑、服务器、网线和卫星以某种方式共同工作的时候，网络就应运而生了。构成网络的这些事物都不神秘，它们每一个都不过是日常生活中的一般事物。因此，人们就可以把网络视为一种逻辑建构——它是指许多其他事物在共同地发挥作用，但人们可以将其视为一个独立的实体。同样，我们谈及的文艺复兴、天主教堂或者美利坚合众国等概念都属于逻辑建构，它们都是指一系列正常的、具体的事物和行为的总和。

类型 2：普通的英国人

"普通的英国人"是另一种形式的逻辑建构。或者说，它是一种虚构，从所有关于英国人的数据中抽象而来，表达了他们的平均特征，就如同 1835 年阿道夫·凯特勒（Adolphe Quetelet）在《论人》（*Sur l'homme*）一书中构建的"一般人"（l'homme moyen，或 the average man）。但不像网络或天主教会，我们无法直接使用或加入普通的英国人。不过，它仍然是一种逻辑建构，因为"普通的英国人"可被描述为许多真实存在的英国人的总和，他们的存在没有任何争议。出于便捷的考虑，我们将其视为一个独立的实体，虽然不这样做是更加准确的，但作为一种逻辑建构，它也从未被看作一个真实的实体。

一个难题：整体主义与个体主义，实在论与唯名论

逻辑建构虽然看似简单明了，但稍微反思一下就会发现，引入这个概念就像打开了一罐蠕动的虫子。问题出在前述的第一种建构方式之中——复合建构而非抽象建构。我们平常并不把生活中的许多事物看作逻辑建构，但换种思考方式，它们似乎也适用于这个概念。以桌子为例。难道科学没有告诉我们，像桌子这样的单一的、简单的实体并不存在吗？更确切地说，根本存在的仅仅是原子（而原子又仅仅是亚原子粒子的集合）。如果科学是正确的，难道桌子不是一种逻辑建构吗？

我们似乎也是出于便捷的理由，而把桌子视为一个独立的实体，它或许也不过是许多其他微小事物的总和。因为根据原子和夸克的理论，我们普通的日常生活世界中的所有事物其实都属于一种逻辑建构。难道人们不能把一个人理解为一个由无数细胞和共生有机体组成的逻辑建构吗？因此，理论与理论所预设的存在之物变得难以维持——这或许有很好的理由。

这里的问题部分涉及形而上学，涉及成为一个"客体或物体"是什么意思，而且还与"整体"和"部分"之间的关系有关。我们是如何能够使用普遍性的术语和概念的？是如何能够谈论、思考和写作生物的物种、类别、集合，以及其他普遍性的或集体性的事物的？对普遍性而言，被称为实在论者的哲学家认为，普遍性的实体真实存在，而唯名论者则认为普遍性的术语只是我们用来概括个体的词汇，除此之外并没有实际含义。

同样，"整体"只是一些基本个体的组合或打包〔一种被称为

"方法论的个体主义"（methodological individualism）的立场］；或者，在形而上学上，整体和集体并不仅仅是基本个体的集合体［"方法论的整体主义"（methodological holism）；参见 2.7］? 难道团队、家庭、社会阶级、时代、性别、国家、种族群体等，不仅仅是组成它们之个体的总和吗？其实，什么是逻辑建构，什么不是逻辑建构的问题，可能在哲学上是令人困惑的。

同时参见：

2.9　还原

2.12　有用的虚构

3.28　拯救现象

1.24*　普遍/特殊

4.3*　解释学循环

推荐读物：

★ Bertrand Russell（1912）. *The Problems of Philosophy*.

Bertrand Russell（1985）. Logical atomism. In：*The Philosophy of Logical Atomism*（ed. D. F. Pears），pp. 157 – 181.

Michael Esfeld（2013）. *Holism in Philosophy of Mind and Philosophy of Physics*.

2.8　操演性与言语行为

设想，让·保罗从他的朋友勒内那里借了几百法郎，并承诺以后偿还。然而，当勒内前来讨债时，让·保罗却不给，并辩护说他在发誓时并非真心或不是那个意思（didn't mean it）。除了道德上的错误之外，保罗的回应有问题吗？他是否误解了"意义"（meaning）本身呢？

正是这个问题吸引了许多重要的语言哲学家，他们的研究结果不仅改变了我们许多人对语言和意义的看法，还改变了我们对人类身份，尤其是性别身份的看法。牛津大学哲学家约翰·L. 奥斯丁（John L. Austin，1911—1960）就是其中之一，他为欧里庇得斯（Euripidēs）公元前 5 世纪的戏剧《希波吕托斯》（*Hippolytus*）中的一个场景所吸引，在这个场景中，主角试图通过宣称"我的舌头发誓，但我的心……没有"来逃避责任。在奥斯丁的分析中，希波吕托斯这个策略的问题不仅仅在于它是不道德的，它还引发了一种质疑，即到底有多少责任的形成是有意义的或真心的。对奥斯丁而言，一个人的"心"，甚至一个人的意图，都不是最终的答案。

意义、行为与操演

许多人认为，我们所说之话的意义存在于心理状态或心理行为之中——一种感觉、一种意图、一种意志行为、一种内在选择，或某种光晕似的东西，即说话者在说话时头脑里的东西。奥斯丁认为，这是胡扯。许多表达的意义，包括承诺和宣誓，都是通过他所谓的"以言行事行为"（illocutionary acts）而实现的。在奥斯丁的基础之上，约翰·塞尔将这些话语描述为"言语行为"（speech acts）——《言语行为》（*Speech Acts*，1969）。

因此，根据塞尔和奥斯丁的分析，在宣布一对夫妇结婚、判定刑事被告有罪、为船命名、在拍卖中宣布某物品已售出、签订合同或做出承诺时，仅仅具有意愿、意图、思考或相信某事已经发生都是不够的。话语必须被操演或执行，而正是在这个话语的操演或执行过程——奥斯丁称之为"施行话语"（performative utterance）——中才产生了意义。奥斯丁关于该话题的演讲集《如何以言行事》（*How to Do Things with Words*，1962）的名字就说明了这个故事，而书中强调的是"行"。

　　而且，言语行为若要成功，必须要在适当的情境中进行，遵守事先约定的规则和标准。这是什么意思呢？在 2011 年的浪漫喜剧《诱饵新娘》（*Decoy Bride*）中有一个虚假婚礼的场景。牧师相信他正在为眼前的这对夫妇主持婚礼。新郎打算娶在誓言中提到的那个女人。然而，新郎和牧师不知道的是，新娘（由非常有趣的凯利·麦克唐纳饰演）是一个冒名顶替者，因此他们尽管有意图，但并未完成一场正式的婚礼。

　　同样，虚构的戏剧或电影中的承诺或合同也不具有法律约束力。在任何一场演绎歌德（Goethe）1808 年创作的戏剧《浮士德》（*Faust*）的演出中，扮演浮士德的演员都没有真的把灵魂卖给魔鬼。哲学家们注意到，在这种情况下，意义的产生并非源于扮演者的主观意图，而是源于话语被操演或执行的客观方式。你可能并不打算遵守诺言或履行合同，但如果诺言或合同得到正确执行，它就会约束你。按照奥斯丁之后的日常语言哲学家的说法，例如斯坦利·卡维尔（Stanley Cavell），普遍性语言的意义通常也是如此。

性别与身份认同

　　最近，许多思想家将奥斯丁的分析拓展到了更广泛的领域，以解释人类的身份是如何产生的。例如，在朱迪斯·巴特勒（Judith

Butler）的《性别麻烦》（*Gender Trouble*，1990/1999）中，我们走路、说话、穿着和装饰自己的方式，并非表达了我们已经拥有的性别身份（通常是男性或女性）。毋宁说，正是通过这些操演或行为方式，我们的性别身份才被创造和得以维系。我们并不是在表达（express）我们的身份。我们在操演或执行（perform）它们。这种理解性别的方式提供了另一个侧面，去理解存在主义者西蒙娜·德·波伏瓦（Simone de Beauvoir）在《第二性》（*Second Sex*，1949）中的名言："人不是生来就是女人，而是成为女人。"

从一个婴儿出生的那一刻起，有人宣布（或者更确切地说，通过宣布而操演或执行了言语行为）"是个女孩"，一系列操演性行为就开始了，其中有许多深刻的社会和政治意义。代词被唤起，每一个代词的宣告都是新的性别命名。发型被梳妆。衣物与装饰品被佩戴。在舞蹈编排、教室、厕所、商店、医院、军事行动、工作和法庭等场合中，肉身被反复分类——每一次都是针对性别的操演性行为。

根据操演性的分析，实施的这些行为不（仅仅）是认同现有的、先天的生物性事实。它们是事实的创造和再创造——这些是社会的、心理的、个人的、政治的事实，等等。此外，这些操演性事实不会只发生一次。它们被一遍又一遍地重复。事实上，它们操演性的成功需要它们的重复。

皇帝没穿衣服？

世界的其他维度是否可以用操演性的术语来理解？种族是操演性的吗？经济市场、宗教、政治组织、团队，甚至物理现实，它们是否都在以操演性的方式运行？

批评人士指责说，操演性的理论忽视了世界的物质事实的限制或决定性作用。一个人不能仅仅通过言说就把一只母猪耳朵变成一个丝绸钱包，根据相同的理由，一个人也不能据此就把女孩变成男孩。这是因为，正如皇帝新衣的寓言提醒我们的那样，仅仅表现得好像是这样，并不能使事情变得真是如此。另外，或许操演性的理论家已经阐明，有时行动就已经足够了。毕竟，皇帝可以通过正式的加冕仪式而产生，即使他的衣服需要一个诚实纺织者的物质性材料。那么，身份认同更类似于成为皇帝，还是更类似于物质性的衣物呢？

酷儿式的操演与阻碍操演

无论如何，性别和政治身份都被理解为具有操演性的，这为改变甚至颠覆它们开辟了途径。由于我们人生的操演性维度取决于操演或执行的表现形式，所以通过改变操演的方式就可以改变它们。因为操演必须被一再重复实施，所以每一次新的操演都提供了一个机会去修改既定的系统，或者至少改变它的意义；或许可以通过讽刺、模仿和夸张来改变它的意义，或许就彻底破坏所有的操演。"酷儿理论"（Queer theory）描述了许多改变性别操演的方式。同性婚姻、变装秀、新的代词用法、不受限制的厕所、跨性别、变性手术，以及其他的身体改造、雌雄同体与异装，都使性别变得不稳定、混乱，或重新诠释了性别。或许它们为我们以新的方式去操演我们的身体和自我留出了更大的空间。

同时参见：

1.21* 　涵义/指称

2.7* 　莱布尼茨的同一律

3.4* 　女性主义与性别批判
推荐读物：

Jacques Derrida (1971). Signature event context. In：*Marges de la philosophie* (1972).

Stanley Cavell (1976/2002). *Must We Mean What We Say?*

Paul DeMan (1979). *Allegories of Reading.*

★ James Loxley (2007). *Performativity.*

2.9　还原

"还原主义"何时开始遭到滥用已经不为人知，但在一般情况下，它堕落后的样子却清晰可见。通常来说，人们会把还原主义理解为：将整体的、复杂的、精妙的、烦琐的事物，分解成简单的、贫瘠的、空洞的事物。例如，还原主义者会将人类的复杂动机，简化成一种达尔文式的求生天性或弗洛伊德式的压抑欲望。按照这种解释，还原主义已经被粗鲁地简单化了。

因此，根据这种夸张性的描述而低估还原主义，似乎有失公允。还原主义并不是批判者眼中的样子，它是一个更值得尊敬且在哲学上更具影响力的过程。还原主义意味着，我们要寻找多个现象背后的那个更为根本、更为简单的现象，而后再对这个现象进行解释。

水的例子

还原主义是科学中不可或缺的工具之一。每个人在学校里都曾学过，我们若要理解水为何在 100℃ 沸腾，就要充分理解分子层面发生了什么（加剧的 H_2O 分子运动）。这就是还原主义的典型例证，即将水沸腾这个现象简化成分子运动这种更根本的现象。它被简化了，这不是因为它更容易理解，而是因为它描述了在许多个部分结合成更复杂的整体时到底发生了什么。根据一个（原则），多个（现象）得到了解释。

此外，分子运动更加简化，因为它不仅能够解释水的沸腾，而且能够解释许多涉及固体、气体和液体的其他现象，比如储罐中氯气的压力变化，以及混凝土桥梁加热时的膨胀。还要注意，分子运动在这里被理解为更根本的，因为它解释了水为什么沸腾，反之则不行。这解释了更根本的组成要素。

哲学中的应用

还原主义在科学中已然取得了极大的成功。但它在哲学中的角色是什么呢？可以说，还原主义为许多重要的哲学问题都提供了答案。其中一个例子是"心灵"（mind）是否能够还原为"大脑"（brain）的问题。还原涉及的另一个收获颇丰的领域是——知识是什么？知识看似与单纯的信念不同，但仅从"知识"这个概念来看，我们却无法知道这个差异是什么。还原主义则把知识解释为：知识是能够被证成的真信念。在这里，单一的、无定形的"知识"概念，就可以用三个更简单的构成特征来解释：知识是信念；它能够被证成；它是真的。进而，还原主义还可以分别解释什么是信念、怎么证成、什么是真——或许还可以进一步将这三个要素还原为两个，甚至一个。

"多" 和 "一"

或许，哲学和科学都起源于米利都的泰勒斯（Thalēs of Mile-tus，约前 624—约前 547）宣称"万物源于水"的那个瞬间。而这正是一种还原主义，因为泰勒斯的命题将无限多样的自然现象（叶子、动物、岩石、云朵、贝壳、火焰、毛发等），还原成一个单一的源泉——古希腊人将其称为"本原"（archē）。可见，无论泰勒斯的哲学、牛顿的力学定律（将宇宙中万千的移动方式都归于三个基本定律），抑或经济学中的供需定律，都说明还原主义是哲学和科学的最基本方法之一。

伦理学

伦理学中同样有还原主义的解释方式。"善"，就像"知识"一样，是一个许多人认为并非不言自明的概念。我们或许对"善"有一定的了解，但在使用这个概念时，却始终对它的确切含义争论不休。还原主义的解释方式是指，把"善"这个概念分成一些更简单、更根本的要素。例如，功利主义将"善"的本质还原为：增加快乐，减少痛苦。这就比"善"更加简单，因为这种表述方式的含义更加清楚、明晰：我们有明确的手段去"增加快乐"；但"做个好人"却并非如此。同时，这种解释还能告诉我们为什么要行善，以及幸福为何是好的、痛苦为何是恶的。

日常语言的反对

毫无疑问，还原主义在哲学中有着悠久的传统，但是我们同样不难理解为何有人会反对它。用还原主义的方法回答哲学中的疑难问题，为什么一定是最好的解决方式呢？这个问题的答案并不那么清楚。有时，我们若要理解概念的准确含义，就不能将概念还原成更简单、更基本的要素。

维特根斯坦和日常语言哲学家如奥斯丁都认为：像"知识"这样的词语，就应该根据优秀的语言使用者在特定场合和语境中使用它们时所发挥的功能去理解——其中，有很多功能都是无法还原的。因此，你无法用还原性的术语来描述一个特定词语的功能。根据不同的语境，你可以界定出该词语用法的一些普遍的、常见的特征，其中有些特征十分关键，有些不那么关键。但是，你不能期望将一个词语的众多有意义的用法，简化为一个有限的、普遍的具体条件之清单。假如你这样做，"知识"一词的某些含义就会丢失，而且你还有可能在它不适用的语境中强加一种具体的定义——简言之，你将无法"拯救现象"（参见 3.23），甚至导致一种概念的暴力。众所周知，维特根斯坦认为，"游戏"（game）这个词有众多用法，因而无法拥有一个单一的定义［《哲学研究》（*Philosophical Investigations*），§ 65］。

探索工具

有趣的是，你并非一定要在还原主义的方法和非还原主义的方法之间做出选择。比如，你可以把还原主义视为一种"探索工具"（heuristic device）。在这些情况下，你之所以选择还原主义的方法，并不是因为你相信现象通过还原就能得到充分的理解，而是因为还原的过程能够揭示许多有趣的问题，以便我们认识得更加清楚。

例如，就"知识"还原成"能够被证明的真信念"而言：假如有人认为，这个还原分析能够全面地把握"知识"，那么你可以反对他；但是，通过这种还原，你可以揭示"能够被证成""真"和"知识"之间的重要联系，以及"信念"作为一个要素或许是可以抛弃的。正是在这个意义上，还原主义是一个有用的工具。换言之，还原主义的方法可被用于揭示事物的特性，但不能被用于确定事物的本质。

同时参见：

1.10　定义

3.13　标准

2.8*　奥卡姆剃刀

推荐读物：

Ernest Nagel (1961). *The Structure of Science.*

C. A. Hooker (1981). Toward a general theory of reduction. *Dialogue* 20：Parts 1 – 3.

★ Richard H. Jones (2000). *Reductionism and the Fullness of Reality.*

2.10　表征

关于事物，哲学家们花费了大量时间去思考它们。然而，关于某事物而进行的思考中的"关于"到底是什么意思？哲学家——以及科学家、画家和诗人——在思考他们作品的"关于性"（about-ness）问题时，使用的是"表征"（representation，或译"再现"①）概念。理论被视为再现了物理世界（例如，牛顿的物理学）。一幅画被视为再现了一个人［例如吉尔伯特·斯图亚特（Gilbert Stuart）画的乔治·华盛顿画像］、再现了一个事件［例如，桑德罗·波提切利（Sandro Botticelli）的《春》（La Primavera），再现了春天］，甚至再现或表征了一个抽象观念［例如，弗朗西斯科·戈雅（Francisco Goya）的《农神食子》（Saturn Devouring His Son），表征了时间］。一个音乐片段或乐句可能被认为表征了爱、虔诚、悲伤，或者像贝多芬（Beethoven）第九交响曲的最后一个乐章，表征了喜悦。

　　但"表征或再现"其他某些事物是什么意思呢？万有引力定律本身并不是引力，甚至没有重量。"恶"这个观念自身在道德上并不是错的。"南瓜派"这个词语看起来、摸起来、尝起来都不像南瓜派。尽管如此，我们通常还是用词语和观念来指称完全不同于它们的事物。这何以可能？

　　更一般地说，科学的、理论的表征一直是哲学家们特别感兴趣的问题，也许是因为哲学活动本身在很大程度上是理论性的。英文单词"theory"（理论）来源于希腊文"theoria"，这也是现代英文单词"theatre"（剧场）的词根。这并非偶然。对古希腊哲学家来说，比如亚里士多德在他的《尼各马可伦理学》（Nicomachean Ethics）

――――――――――――

　　①　有关"representation"译法的讨论，参见赵毅衡：《"表征"还是"再现"？一个不能再"姑且"下去的重要概念区分》，《国际新闻界》2017 年第 8 期。本书选择两种译法兼用。

第 10 卷中，进行理论沉思就是要用理智的目光看到真理与真实。

自然之镜

根据许多解释，心灵或其构想的理论在某种程度上要对应抑或映照它的对象。简言之，表征必须再现（re-present）它们所表征的对象，且要通过一种足以保存两者间的对应关系的方式。在某种程度上，这种解释表征的方式可以追溯到柏拉图，他将现象描述为更高阶的真实的影像或复制品（《理想国》，509d－511e；《斐德罗篇》，78b－84b）。这种观点甚至可以追溯到柏拉图之前的恩培多克勒（Empedocles），以及像德谟克里特（Democritus）这样的原子论者，他们把知觉解释为发射原子的客体在心灵接受其画面时所产生的影像（eidola）。

因此，正如哲学家理查德·罗蒂（Richard Rorty）所给出的一个令人着迷的比喻那样，哲学与科学理论通常被描述为"自然之镜"（mirror of nature）。同样，心灵哲学家和心理学家通常认为，大脑或心灵的中心任务是产生对世界和他者的心理表征。在政治世界中，人们经常选举代表（representatives），这些代表在某种程度上被理解为他们要在立法中表征或代表选民的意志、欲求或利益。

内容的符合论

大卫·休谟在解释表征时，将心灵中的观念视为感知经验的复制品（《人性论》，1.1.1），因此根据某些观点，表征在某种程度上必须与其所表征的对象共享某种一致的内容。例如，"红色"这个观念在某种程度上必须是红色的，或者被体验为红色的。但这种方法可能显得过于狭隘甚至不切实际，因为有许多形式的表征似乎并未共享内容。毕竟，不管玫瑰叫什么名字，闻起来还是那么香，但"玫瑰"这个词语本身并没有香味，甚至盲人也能使用"红色"这样的颜色术语。

形式或结构的符合论

亚里士多德解释说，虽然心灵不能接受它所感知和构想的实际对象，但它可以接受他所谓的它们的"形式"[《论灵魂》(*De Anima*)，2.12]。因此，玫瑰的实际香气不会成为我们理智思考玫瑰的构成要素，但玫瑰的本质形式却可以。几千年后，伯特兰·罗素[Bertrand Russell，1872—1970;《论指称》("On Denoting"，1905)]与路德维希·维特根斯坦[《逻辑哲学论》(*Tractatus Logico-Philosophicus*，1921)]两人以不太相同的方式辩称，虽然思想和语言并不共享它们所涉及的感官或物质属性，但它们的逻辑形式或逻辑结构之间必须存在一种对应关系或彼此相符。因此，只有当两者之间存在同构关系（共享相同的形式）时，即只有当表征的形式恰当地映射或描绘了所表征的事物时，我们才认为一事物表征了另一事物。

意图和行动

好吧，但是，谁或者什么才能决定表征与其表征的事物之间的内容或形式是否相符呢？像罗蒂这样的批评者已经指出了将表征看作物质、相符或镜像的众多问题，上述问题就是其中之一。有人认为，可以制定各种相符的规则或标准来回应这一批评。但规则必须能够实际运用，且必须对何时满足、何时不满足标准做出判断。事实证明，很难说表征如何符合抑或是否符合其外在的东西。

一些哲学家认为，对表征的任何充分解释之中，都必然包含着"意图"或"意向性"（intentionality），因此一个表征必须是有意去表征其他事物的，或有表征其他事物的意图。毕竟，天空中的云团可能非常像乔治·华盛顿的脸，但这种特征和结构的相符完全是偶然的，因此不像吉尔伯特·斯图亚特所画的乔治·华盛顿画像那样，是一个真正的表征。许多事物与其他事物相似，但不是它们的表征。此外，表征似乎只是单方面发挥作用。这就是逻辑学家所说的不对称关系（地图是地貌的表征，但地貌不表征地图）。相反，相似性与符合性都是对称关系；它们在双方都发挥了作用（地图与地貌是互相相似的）。

意图似乎能够解释这些差异，因此一个表达必须被一个人有意地用来表征他所想要表征的事物。进而，似乎另一个人必须有意地将该表达解释或理解为某事物的表征。毕竟，一个人可能画了一幅画，本意是将其作为一幅地图，用其表征通往一处藏宝地的路径，但假如那幅图完全画错了，或者就是失败了，任何人都无法将其视为一幅地图，那么就很难说它是任何事物的表征。一个人可能有意地用一个表达去表征其他事物，但却失败了。

实用主义的方法和功能主义的方法

这里可能有一条线索，能够找到一种方法来理解表征，而不用诉诸相符、相似或映射等引起麻烦的概念。从实用主义的角度来看，我们可以说，当某物以正确的方式被使用或以正确的方式发挥作用时，它就表征了另一个东西。例如，当警方的素描被成功地用来识别罪犯时，它就是一个表征。当一个理论能够让人们有效地与其表征的世界互动时，它就是一个表征。当科学理论有助于开发出技术，进而能够治疗病人、实现军事目标、穿越时空，或者找到被埋藏的宝藏时，它就是一个真实的表征。从这个角度来看，表征并非一种自然的、意向性的或逻辑的状态，至少不是孤立的。相反，它与定义清晰的人类活动或实践密不可分；表征成功或失败的标准，可能要根据不同活动或实践的不同背景而进行不同的界定。

　　当然，用行动与实践取代相符与相似，还会引发一个更极端的问题：若要理解我们的理智沉思、思维活动和政治生活，我们真的需要"表征"概念吗？假如没有这个概念，科学和哲学又会是什么样子的呢？

同时参见：

1.10　定义

2.7　逻辑建构

1.21*　涵义/指称

推荐读物：

★ Richard Rorty（1979）. *Philosophy and the Mirror of Nature*.

Bas van Frassen（2008）. *Scientific Representation：Paradoxes of Perspective*.

Mauricio Suárez（2010）. Scientific representation. *Philosophy Compass* 5：91 – 101.

2.11　思想实验

　　有人认为哲学与科学是互通的，有人则认为哲学研究完全不同于科学，他们为此争论不休。面对这种分歧时，我们很容易想象，争论的一方是固执的、死板的科技哲学家，而另一方则是文艺的、有创造力的诗人哲学家。但实际上，双方都会大量使用一种艺术-科学并存的方法——名为虚构的"思想实验"（thought experiments）。

　　在类比法（2.4）和直觉泵（2.6）那里，哲学家们都会用到虚构，但虚构的最大和强有力的用途还是在思想实验之中。"思想实验"这个名称准确而巧妙：它既模仿了科学的实验，却又仅存在于想象或思想之中。

实验方法

　　让我们先来看一下，标准的科学实验是如何进行的。假设我们要做个实验，观察某种洗涤剂的漂白作用。在通常情况下，有以下几种因素会影响漂白的效果：洗涤剂的有效成分、种类以及洗涤剂溶解的水温，还有清洗的布料和洗涤用的机器设备（假如涉及的话）。我们要想发现漂白的诱因，就需要将以上几个关键因素有效地分离出来。例如，假设氯有漂白的作用，我们就需要通过实验证明，在其他所有因素都不变的情况下，有氯或者没有氯直接决定了洗涤剂能否起到漂白的作用。

一言以蔽之，科学实验的目的是分离出那个关键的变量——它存在时，相应的结果就会出现；它不存在时，相应的结果就不会出现。

思想实验基于相同的原则，但区别在于，我们不需要也无法按照思考它们的方式，将思想实验中的那个被测试的变量分离出来。毋宁说，该变量的变化只是概念上的或想象中的。

可能世界和孪生地球

思想实验中有很多听起来稀奇古怪的例子，有些涉及可能世界。或许其中最著名的就是希拉里·普特南（Hilary Putnam，1926—2016）谈论意义与指称的论证。普特南让我们想象一个可能世界，他称之为"孪生地球"。在孪生地球上，万事万物都与我们的地球完全一样。孪生地球上也居住着人类，他们会吃、喝、听碧昂丝的歌和踢足球。但有一点不同：孪生地球上的"水"不是 H_2O，而具有另外一种化学结构，我们姑且将之称作"XYZ"。

有人说，如果某个动物看上去像只鸭子，走起来像只鸭子，呱呱叫起来像只鸭子，那么它就是只鸭子。但普特南反对这个观点并认为，按照我们的视角，无论 XYZ 是什么，它都不是水。我们的水是 H_2O，但 XYZ 不是 H_2O。因此，虽然两个星球上都有清澈、解渴的液体，它们都被本星球的居民称为"水"，而且发挥了相同的功能，但孪生地球上的水仍不是地球上的水。结论：两个事物（a）以相同的方式发挥功能，且（b）在语言中以相同的方式被对待，并不必然得出它们是同一种东西。

探索概念世界

普特南的论证是引人入胜的，而且可以在更深的层面进行讨论。但我们此处的目的仅仅是表明，"可能世界"如何在论证中得到运用。这个思想实验改变了现实世界中的一个因素——改变了水的化学结构，以说明那个世界的"水"不是我们的 H_2O，而后观察这种改变对我们理解"水"概念造成了什么影响。

同样，自然科学家也已经采用了思想实验，例如爱因斯坦（Einstein）就利用它们提出了相对论。然而，思想实验在科学和哲学中的常见不同点在于：科学中的思想实验能够引出现实中的实验；但对哲学家们而言，现实中的实验并不是必要的，因为他们探索的是概念世界而非物理世界。通过思想实验进行推理，就足以澄清或理解那些概念了。

有人认为，思想实验不过检验了我们的直觉（2.6），而进行哲学研究时，这是一种不可靠且不充分的方法。但作为推理工具，纵使思想实验受到了质疑，它依然让思想家们着迷，刺激、吸引着他们，而其他哲学方法很少能做到这一点。

同时参见：

2.6　直觉泵

2.12　有用的虚构

3.31　可检验性

1.13*　内在主义/外在主义

4.7*　可能性和不可能性

推荐读物：

Hilary Putnam （1973）. Meaning and reference. *Journal of Philosophy* 70 （19）：699 – 711.

I. Miller （1999）. Einstein's first steps toward general relativity：gedanken experiments and axiomatics. *Physics in Perspective* 1 （1）：85 – 104.

★ Julian Baggini （2006）. *The Pig that Wants to Be Eaten.*

★ Theodore Schick and Lewis Vaughn （2012）. *Doing Philosophy：An Introduction through Thought Experiments*，5th edn.

M. T. Stuart，Y. Fehige，and J. R. Brown （eds）（2017）. *The Routledge Companion to Thought Experiments.*

★ Peg Tittle （2017）. *What If … Collected Thought Experiments in Philosophy.*

2.12　有用的虚构

假若追溯哲学史，你会找到一些十分有趣的人或人造物。让-雅克·卢梭（Jean-Jacques Rousseau，1712—1778）谈论了"社会契约"（social contract），即我们为了共同生活而签订的一份协议。约翰·罗尔斯（John Rawls，1921—2022）则向我们介绍了"理想观察者"（ideal observer），即那些处在"无知之幕"（veil of ignorance）背后的人们，他们参与制定社会的政治秩序，却不知道自己处在社会中的什么位置。弗里德里希·威廉·尼采描绘了令人叹服的"超人"（übermensch，或 over-human），他能够超越人类生活社会中的虚无主义文化。

　　但是，没有一家博物馆陈列着社会契约或无知之幕，也没有一家画廊展出了理想观察者或超人的肖像。这些都只不过是虚构，它们并不是自然世界中的存在物。那么，在求真的世界里，它们究竟处于什么位置呢？

与思想实验的差异

　　有用的虚构可被视为思想实验（参见 2.11）的一个分支，但它们之间的差异也足够明显，因而值得我们将它们区分开来。在通常情况下，思想实验是为了实现既定目的而使用的工具，即它们是论证的一个组成部分，实验者一旦通过论证得出结论，就会继续前进而不再提它了。相较而言，许多有用的虚构则有更多的用途。

　　以罗尔斯的"理想观察者"为例。这个设想与亚当·斯密（Adam Smith，1723—1790）的"公正旁观者"（impartial spectator）有关系［《道德情操论》（The Theory of Moral Sentiments，1759）］。这个虚构之人的重要性在于，若要设计一个正义的社会，设计者必须以理想观察者的视角来思考问题。进而，罗尔斯还解释了为何要如此。那么，假如一个人采用罗尔斯的立场来看待美国是否应该改善社会保障，那么他就要追问："理想观察者会怎么想呢？"我们之所以相信有用的虚构，正是因为它们能够发挥作用。

　　这同样适用于社会契约。如果一个人同意这份隐藏的社会契约存在，而且认为人类需要它，那么在判断国家对待公民的某种方式是否合理时，他就必须思考这种行为能否得到社会契约的许可。就像律师一样，他要查阅这份虚构契约的条款，看看该行为是否违反了规定。

此外，在法律领域，很多案件通常都要求陪审团考虑在相关情况下一个"正常人"会怎么做。例如，在 2016 年杀害菲兰多·卡斯蒂尔的案件中，警察杰罗尼莫·亚涅斯被指控犯有过失杀人罪。陪审团被要求仔细考虑，当卡斯蒂尔在交通检查中伸手去拿东西的时候，一个正常人会怎么做。（亚涅斯拔出武器，朝卡斯蒂尔开了枪。）这个虚构的"正常人"不能出庭作证。陪审员只能凭借他们的想象力去进行理性的审视与反思，进而做出判断。

解释中的使用

很多有用的虚构仅仅是作为解释工具而被保留下来的。例如，设想基因是自私的（参见 2.6），或者假想生命组织有自身的目的，都有助于我们理解进化论。从某种意义上说，这两者都是虚构的：基因不可能自私，它们根本不受任何利益的驱动；在进化过程中驱动自然选择的不是任何目的或目标（没有合适的"选择"），而是随机的突变，这些突变偶然地使生物体或多或少地适合传递它们的基因。但为了便于解释进化论，我们就会采用自私与目的这样的虚构。

警惕！

我们始终要记住，虚构这个工具虽然有用，但却十分危险。过度强调基因的自私或目的，就会让人们误以为这在进化中是真实的；然而，社会契约或理想观察者的设定就不存在任何风险，只有最愚蠢的人才会相信它们。虚构越清晰和显著，就越有用。

同时参见：

2.6 直觉泵

2.7 逻辑建构

2.10 表征

2.11 思想实验

推荐读物：

★ Hans Vaihinger (1911/1924). *The Philosophy of "As If"*.

John Rawls (1972). *A Theory of Justice*.

Mauricio Suárez (ed.) (2009). *Fictions in Science*.

Adam Toon (2012). *Models as Make-Believe：Imagination,
Fiction and Scientific Representation*.

第 3 章

评价的工具

3.1　肯定、否定与条件句

在任何语种中，条件句都是最强有力的一种句式。条件句可以用（且通常都是这样用）"如果-那么"的形式来表达——例如，"如果你站在雨中，那么你就会湿透"。紧跟在"如果"之后的条件句（在这个例子中是"你站在雨中"），被逻辑学家们称为"前项"（antecedent，或译"前件"），而紧跟在"那么"后面的部分（这里是"你就会湿透"）则被称为"后项"（consequent，或译"后件""结果子句"）。对绝大部分的推理而言，条件句都是至关重要的，但在逻辑上很容易出错。

事实上，你可能遇到两种最常见、最具说服力的错误推断，它们都是由于以错误的方式肯定和否认条件句的前项与后项。其实，这些谬误是如此常见，以至于它们已经被赋予了名称："肯定后项"（affirming the consequent）与"否定前项"（denying the antecedent）。

肯定后项的谬误

1. 如果亚伯拉罕的神存在，那么自然世界就是理性有序的。
2. 自然世界是理性有序的。
3. 因此，亚伯拉罕的神存在。

这里还有另一个不那么哲学故而更加清晰的例子，该论证具有相同的谬误形式。

1. 如果它是一只猫，那么它就是一个动物。
2. 它是一个动物。
3. 因此，它是一只猫。

肯定后项是一种形式谬误（1.7）。这意味着逻辑错误根源于论证的逻辑形式，而不是前提的内容，甚至无关于前提的真假。以下就是错误的形式：

1. 如果 p，那么 q。
2. q。
3. 因此，p。

为什么这种形式是无效的呢？简单来说，当你使用这种论证形式时，与每个无效论证一样，前提的真不能保证结论的真。即使在实际情况中，这种论证形式的所有前提都为真，结论仍有可能为假

（这就是问题的关键）。相反，对于有效的演绎论证形式，当前提都为真时，结论为假在逻辑上是不可能的（参见 1.4 和 1.5）。

猫和动物的例子很明显。即使所有的猫都是动物，也不一定能得出某种动物是猫的结论。它可能是一条蛇或一只狗。对"是一只猫"而言，"是一个动物"是必要的，但不是充分的。

在我们关于亚伯拉罕的神与世界的例子中，无效性就变得比较明显了，因为除了亚伯拉罕的神存在之外，这个世界理性有序的原因依然有其他的可能性。例如，这个自然世界可能是由其他的神或众神一起创造的。它的秩序可能是自我决定的。或者，它的理性有序可能只是一种偶然的事实，可能是被合理地安排好的，并且一直都是这样，等等。

当然，自然世界因其他原因而理性有序，并不意味着第一个前提是错误的。即便自然世界的秩序是自我决定的，如下说法依然可能是对的：如果亚伯拉罕的神存在，那么自然世界就是理性有序的。条件句的一个巧妙之处在于，它们可以基于假设的、推测的或想象的条件（这些条件其实都不是事实），进而提出观点且进行推理。逻辑学家们称这些条件为"反事实的"（counterfactual）。

肯定前项。你也应该知道，作为一个谬误，肯定后项其实是一种完全有效的推理形式，即"肯定前项"（modus ponens，"肯定之方式"）的亲属。其中，被正确肯定的应该是前项。它的形式如下：

1. 如果 p，则 q。

2. p。

3. 因此，q。

因此，以下论证是有效的，因为它肯定了正确的部分：

1. 如果亚伯拉罕的神存在，那么自然世界就是理性有序的。

2. 亚伯拉罕的神存在。

3. 因此，自然世界是理性有序的。

这是一个有效的肯定前项的论证，当然，这并不意味着它是可靠的（1.4）。许多人怀疑第二个前提的真实性，有些人也怀疑第一个前提的真实性。尽管如此，再次强调，由于它是一个有效的演绎论证，所以，如果两个前提都为真，那么结论就不可能为假。

否定前项的谬误

被称为"否定前项"的形式谬误，在某种程度上是"肯定后项"的谬误的相反形式。它的形式如下：

1. 如果 p，那么 q。

2. 非 p。

3. 因此，非 q。

利用我们之前使用过的例子，下面的论证是无效的，是一种否定前项的形式：

1. 如果亚伯拉罕的神存在，那么自然世界就是理性有序的。

2. 亚伯拉罕的神不存在。

3. 因此，自然世界不是理性有序的。

与所有的无效论证一样，这里的前提可能都为真，但结论仍有可能为假——这是有效论证所不允许的。同理：

1. 如果它是一只猫，那么它就是一个动物。

2. 它不是一只猫。

3. 因此，它不是一个动物。

否定后项。就像肯定后项一样，存在着一种有效论证，它与否定前项是有一定关联的。它被称为"否定后项"（modus tollens，"否定之方式"），且正如"肯定前项"涉及肯定条件句的正确部分（即前项），"否定后项"涉及否定条件句的正确部分（即后项）。它的形式如下：

1. 如果 p，那么 q。

2. 非 q。

3. 因此，非 p。

否定了前项为真的必要条件，那么前项就必然为假。因此，以下是一个有效论证，因为它否定了正确的部分：

1. 如果亚伯拉罕的神存在，那么自然世界就是理性有序的。

2. 自然世界不是理性有序的。

3. 因此，亚伯拉罕的神不存在。

这也是一个有效论证：

1. 如果它是一只猫，那么它就是一个动物。

2. 它不是一个动物。

3. 因此，它不是一只猫。

所以请牢记：当你在用条件句进行推理时，你可以通过肯定前项与否定后项进行有效的推理。但假如你肯定后项和否定前项，那么谬误就将出现。进行肯定与否定，都要小心谨慎。

同时参见：

1.5　无效性

1.7　谬误

1.7*　条件/双条件

推荐读物：

Nicholas Rescher （2007）. *Conditionals*.

Raymond S. Nickerson （2015）. *Conditional Reasoning：The Unruly Syntactics，Semantics，Thematics，and Pragmatics of "If"*.

H. Arlo-Costa （2019）. The logic of conditionals. In：*Stanford Encyclopedia of Philosophy* （ed. E. N. Zalta），Summer 2019 edn.

3.2　替代性解释

学术界之外，很多人都会牺牲大量的业余时间学习哲学。他们之中有人常提出一些新的观点，甚至是长篇大论。例如，有人相信他们已经发现了现实或道德，或两者的终极真理，但他们在想要将自己的理论普及给大众时，通常却发现没有人愿意出版。这该如何解释？是否因为他们的理论超越了他们的时代，抑或它们过于复杂以至于出版商无法理解？是否因为学院哲学家过于褊狭，拒绝聆听外界的声音？或许，这些理论本身就太耸人听闻了？

在任何特定的情况下，我们都难以决断真正的解释是什么。但是，假如他们拒绝相信除了自己的理论之外还有其他可信的解释，他们似乎也就没有认识到正确答案的可能。当然，作者的理论要有所创新，如果他们的理论做得不够好，就意味着他们还没有提出见解的能力。"能力不足"显然是出版社拒绝出版专著的一个很好的理由。因此，你若没有考虑充分，切记不要草率地表达自己的见解。

　　当我们发现自己的解释很诡异、缺乏可信度的时候，我们通常会寻求其他的解释。然而，即便我们的解释已经很完美了，我们同样应该寻求其他的解释。因为一般来说，我们追求的不过是最优的解释而已。结合我们在 2.1 中设定的溯因推理的标准，要想判断我们的解释是否最优，就必须考察其他的解释，看看它们会不会更好一些。

自由意志的例证

　　其实，哲学中的许多争论都可被视为寻找更好的解释的过程。以自由意志为例。粗略地说，问题的关键在于："我们是否有能力做出自由的选择，抑或我们的选择都是由先前事件决定的？"例如，我选择了一杯茶而非咖啡，那么这个选择是否真的出自我的自由意志？抑或以前的经历导致我不可避免地会选择茶？

　　在这种框架之下，我们的行为面临两种解释：自由选择；或不可能做出自由选择，而全由先前事件决定。人们围绕这一话题已经进行了许多争论，与其说人们争论的是何种解释正确，不如说人们在寻找最完满的解释，它能帮助我们更清楚地把握做决定的过程。还有一种"相容论"（compatibilism）的答案：人类行为的本质是自由的，但又不可避免地受到以往行为的影响。这种解释把"自由意志"视为自由行动的能力，外力或过去的经验并不能强迫人们做出选择。换言之，假如我们是自愿的（符合我们自己的本性和欲望），我们的行为就是自由的，纵使这些行为受到以往发生的事件的影响。

如此这般进行讨论是富有成效的，并且会得到许多新的替代性解释。例如，丹尼尔·丹尼特在他的《活动余地》（*Elbow Room*，1984）一书中，就分辨了多种不同的"自由意志"概念，而其中的每一种概念都能解释人类自由是否在世界运转的过程中占有一席之地。

这个例子表明，寻求替代性解释的众多好处之一是：解释在通常情况下可以变得更加丰满。乍看起来，现有的解释或许已经足够清晰了，但几经考虑，会发现这种显而易见的清晰可能不过是一种过分简单化的曲解。

对检察官的谏言

坚持寻求替代性解释，能够防止我们出于偏见、自负或利己的动机，而过早地下定论。检察官不应急于给一个看似确凿的犯罪嫌疑人定罪，因为谨慎地处理手头的证据、寻求其他的解释，或许能够看到新的可能性，甚至有可能发现这个犯罪嫌疑人是无辜的。

总之，认定一个结论，仿佛已经掌握了最好的解释，不如多去寻找其他的替代性解释。这通常会帮助我们更深入地理解自己研究的问题，并且提出一个更完满、更准确的解释。

同时参见：

2.1 溯因推理

3.12 反例

3.30 充足理由律

4.7* 可能性和不可能性

推荐读物：

Joseph Keim Campbell（2011）．*Free Will*．

★ Theodore Schick and Lewis Vaughn（2020）. *How to Think about Weird Things*，8th edn.

★ M. Neil Browne and Stuart M. Keeley（2015）. *Asking the Right Questions*，11th edn.

★ Galen Foresman，Peter S. Fosl，and Jamie C. Watson（2016）. *The Critical Thinking Toolkit*，9.7.

3.3　歧义谬误与模糊笼统

许多人都对网上交易充满了不信任。如果你向网站提供了信用卡的信息，你怎么能知道它们是出于善意抑或企图诈骗呢？某一天，一个对此充满困惑的女人在网上看到了一个广告，有人在出售虚假网络交易指南，她很高兴，赶紧付款订购。但当她收到这本书的时候，里面只有几张图片而已。于是，她打电话向出版商投诉，他们却回答说："女士，我们已经说得很清楚了，我们的网络交易指南是虚假的。"由于产品名称含糊不清，这个不幸的女人被骗了，并且犯了一个很容易出现的错误。这样的谬误通常被称为"模棱两可"（amphiboly）。

在这个例子里，问题出在"虚假网络交易指南"这个短语里。其中，形容词"虚假"的范围与所指是有歧义的。"虚假"可被用来形容"网络交易"，那么这个短语就仅仅说明它是一个真实的指南，帮助人们分辨虚假的网络交易；也可被用来形容"网络交易指南"，那么这个短语就说明它只不过是一个虚假的指南。

"所有事物"的"一个"起因

在哲学领域中，歧义谬误有着非常重要的意义。例如，英国哲学家伯特兰·罗素曾经指控了基督教哲学家弗雷德里克·科普勒斯顿（Frederick Copleston，1907—1994），认为后者在宣称上帝必然是所有存在物的原因时犯了一个逻辑错误。科普勒斯顿则很可能部分借鉴了托马斯·阿奎那或 18 世纪牛顿主义哲学家萨缪尔·克拉克（Samuel Clark，1675—1729）的一个具有影响力的论证，而该论证被简明地称为上帝的宇宙"先天论证"。

"每个人都有一个母亲，"罗素说，"那么，你似乎就认为整个人类也一定有一个母亲。"逻辑学家称罗素所描述的问题为"合成谬误"（fallacy of composition；参见 3.8），但科普勒斯顿的谬误推理至少涉及了歧义。科普勒斯顿的论证从一个事实出发，即"每一个独立的个体（'所有事物'的一种含义）都有一个（与众不同的）起因"，推论出了"事物的总体（'所有事物'的另一种含义）有一个（单一的、相同的）起因"。在"所有事物都有一个起因"这种表达方式中，"所有事物"和"一个起因"都是有歧义的，它们都有不同的理解方式。让我们再仔细考虑一下这个命题：

所有事物都有一个起因。

这个句子可以有以下三种理解方式：

a. 每一个独立的个体都有一个与众不同的起因。
b. 每一个独立的个体都有同一个单一的起因。
c. 事物的总体有一个单一的起因。

　　罗素试图证明，科普勒斯顿忽视了这句话的歧义，而只有在将这句话理解为"b"或"c"的时候，他的推理才能成立。在罗素看来，这两者也不过是对该歧义谬误的可能性解释。

歧义谬误的两种类型以及两种相关谬误：一词多义与模棱两可

　　在两种情况下，一个主张可以说是有歧义的。一方面，从语义上讲，一个词可以有两个（或更多）不同的含义。"语义"（semantics）指的是表达的含义。例如，假如有人说"meet me at the bank"，如果没有上下文，人们可能会搞不清楚这个人说的"bank"到底是什么意思，这个人是指一个金融机构、一个血库（blood bank），还是指河岸（river bank）？同样，如果有人说"she can't find a match"，人们也会搞不清楚他说的"match"到底是什么意思，他的意思是一个生火工具（火柴）、诸如网球或足球的比赛、一位生活伴侣，还是一双袜子或手套中的一只？在"She shot him in the temple"的表述中，"temple"这个词指的是伤口的位置（前额）还是事件发生的地点（神庙），这也是不清晰的。哲学家们把这种语义上的歧义称为"词汇歧义"（lexical ambiguity），即一个词语或术语具有的歧义［注意，字典有时也被称为词典（lexicons）］。

　　一词多义。有时，词汇歧义可能导致推理错误。当出现这种情况时，这种谬误通常被称为"一词多义"。以下论证就是错误的，因为它在术语"爱"（以及术语"是"）上存在一词多义。

　　1. 上帝是爱。（神圣的爱）
　　2. 爱是盲目的。（人类的、浪漫的爱）

3. 因此，上帝是盲目的。

模棱两可。有时，当我们用词语组成一个主张时，即便对于同一个表述方式，我们也有两种或多种解释方式。例如，如果有人说：

他同意开会，在高尔夫球场上。

假如我们得出结论——会议将在高尔夫球场上召开，或许就是错误的，因为这个句子的表述方式使"在高尔夫球场上"这个短语的解释并不清楚，它该被解释为（a）他同意时所在的地点（他在这里表达了同意），或（b）会议召开的地点（会议将在这里举办）。哲学家们称这种歧义谬误为"句法歧义"（syntactic ambiguity）或"模棱两可"。"句法"是指语法上可接受的句子结构的规则。一个在句法上有歧义的句子，它的组织方式支持两种或更多合理却相反的解释。（因为它的问题在于结构，模棱两可便属于一种形式谬误。）

歧义谬误 ≠ 模糊笼统

我们要知道，歧义谬误并不等同于"模糊笼统"（vagueness），这很重要。假如一个命题是模糊笼统的，那么我们压根就无法知道它的确切意思是什么，甚至不能猜测它有哪几种可能的意思。但相反，假如一个命题是有歧义的，那么我们就很清楚它的可能意思是什么，只不过我们难以在这些可能意思中进行选择。让我们来看一下这个有歧义的命题：

我喜欢布朗（Brown）。

在这里，首字母大写告诉我们 Brown 是一个名字，因此我们至少有以下几种清晰但却不同的理解方式：

    a. 我喜欢一个人，他的名字叫布朗。

    b. 我喜欢的是布朗大学，坐落在罗得岛州。

    c. 我喜欢其他的某个事物，它的名字或昵称叫布朗。比如印第安纳州或威斯康星州的一个乡村，甚至是一个快递公司的名字。

相较而言，下面这个陈述则是模糊笼统的：

    社会需要更好。

这句话的意思根本无法理解，甚至相关的替代性选择是什么也难以确定。这是因为有些词虽然没有多个不同的含义，但仍然无法明确它们在界定什么。它们含义的边界似乎在本质上就是"模糊的"（fuzzy）。例如，究竟何时才能准确地将某人描述为秃头？是否存在精确的发量可以客观地证明这个事实？并没有。同样，什么时候称一堆鹅卵石为"众多""堆"或"丘"才是合适的？古代哲学家曾对这个问题感到困惑，称之为"连锁悖论"（sorites paradox）。就像"更好"一样，"秃头"和"众多"的含义都是模糊笼统的；它们有明确但不精确的含义。

模糊笼统的两种类型：程度和语境

    一个词的模糊笼统有两种方式，记住这一点会对你有所帮助。一方面，一个词的含义是模糊笼统的，有可能是程度的问题。某事物是不是秃的、干燥的、清楚的或更好的，这都是程度问题。另一方面，一个词的含义可能要取决于相关的语境是否精确，所以当语境让人很难理解时，这个词的含义就可能会变得模糊笼统。某事物是不是高的、大的、壮的或超重的，都取决于相关的比较物是什么——相对于什么或谁而言，它是高的、大的、壮的或超重的？与什么相比？

需要注意的是，有些词在这两个方面都是模糊笼统的。例如，"写得好"这个术语在一定程度上是由语境（对三年级学生而言，还是对研究生而言，写得好？）和程度（写得非常好？写得一般好？）共同确定的。事实上，程度和语境通常共同决定了评价性与比较性语言的意义。

清晰和理性

歧义的难题是，如何在不同的含义中确定哪一种是合宜的；而模糊笼统的问题则在于，如何理解它的含义。消除歧义和模糊笼统很重要，原因有二。第一，它们通常都有造成误解的风险。假若某人想要给出一个清晰的论证或观点，他就应该尽可能地避免让人误解的可能性。第二，歧义谬误可能导致推论出现错误。假如我们选择了歧义中的一种意思，我们或许能得出一个结论，但假如它本身是歧义中的另一种意思，这个推论就有可能是错的。简言之，歧义谬误会导致严重的错误。在科普勒斯顿的论证中，"所有事物都有一个起因"本身就是一个有歧义的命题，但科普勒斯顿可能并不愿意承认这一点。

同时参见：

1.10　定义

3.23　宽容原则

1.5* 直言/模态

推荐读物：

Thomas Aquinas （1265 - 1274）. *Summa theologiae*，First 1a,
Question 2，Article 3；Ia2. 3.

René Descartes （1644）. *Principles of Philosophy*，Part 1,
Principle 45.

Samuel Clarke （1705）. *A Demonstration of the Being and
Attributes of God*.

Bertrand Russell （1957）. *Why I Am Not a Christian*.

★ Douglas Walton （1996）. *Fallacies Arising from Ambiguity*.

3.4 二值律和排中律

哲学带来的快乐，同时也是挫折之一，便是无论我们研究了多长时间，我们都不可避免地要追溯到问题的根基。这尤其适用于逻辑学，因为在这里，任何复杂的、高级的命题都由最基本的命题所构建，因此必须定期审视它们，看看它们是否仍然适用。

"排中律"（the principle of the excluded middle）就是其中的一个典型例子，它可被表述为：

> 对于任何命题 p，p 或者非 p 必然为真。

举一个简单的例子，就"弗里德死了"这个陈述而言，要么"弗里德死了"是真的，要么"弗里德没死"是真的，它们两者必然有一个为真，没有任何居中的情况。

但是，这个原则也要依赖另一个更基础的原则，即"二值律"

(the principle of bivalence)，它可被表述为：

> 每个命题要么真，要么假，且仅为真或者假。

继续回到我们的例子，二值律意味着，"弗里德死了"这个陈述只能具有两个"真值"（truth values）中的一个，即它要么真，要么假。请注意，排中律和二值律并不等同，因为前者涉及否定的概念（"非"），而后者并不是这样。但是，排中律涵盖在二值律之中，它们之间的关系十分密切。

太简单了？

在逻辑学中，二值律是一个基础的原则。然而，它却始终受到人们的批评。批评者认为，所有命题要么真、要么假的理解方式太简单了。无疑，有些事物会部分是真、部分是假。因而，给世界硬穿上二值律的"马甲"，只会让我们曲解这个世界。

涉及模糊的概念（3.3）时，这个问题更加凸显。例如，"瘦"这个概念。对许多人来说，评价一个人瘦或者不瘦，并非那么一清二楚。我们更喜欢说，某人太瘦了，或者某人有一点偏瘦。但这却不意味着，我们能够清晰地区分这三个范畴——瘦、胖、普通，并将每个人都明确地归类于其中的一个范畴。更确切地说，瘦和胖是一个谱系的两端，中间还有许多灰色地带。

这样的观点同样体现在连锁悖论之中。仍以胖瘦为例，假如世界上有一个胖子，那么他瘦了 1 克之后，是否仍然是一个胖子？答案显然是肯定的，一个人不可能因为瘦了 1 克，就不再被称为胖子。那么，对这个已经瘦了 1 克的人而言，假如他再瘦 1 克，他是否还是胖子？同样，我们仍然不会因为某人瘦了 1 克，就不再称他为胖子。但是，假如这个情况一再反复，而我们也始终这样推理的话，那么纵使这个人已经瘦了 40 公斤，我们依然应该把他称为胖子。

总之，我们可以在两种理解方式中进行选择：其一，即便听起来很荒谬，但胖和瘦之间确实有一个清晰的界限。这种理解有助于我们坚持二值律。其二，胖和瘦都是模糊的概念，我们通常无法清晰地判断一个人是胖还是瘦。但这种理解违背了二值律。

模糊逻辑

近年来，这两种解决方法都面临着复杂的挑战。而且，一种不依赖排中律的新的逻辑领域，即"模糊逻辑"（fuzzy logic），已经得到了飞速的发展。同时，蒂摩西·威廉姆森（Timothy Williamson）撰写了近些年在英国哲学领域广受赞誉的一本书，名为《模糊性》（*Vagueness*，1994）。该书认为，尽管二值律会导致许多荒谬的结果，但它仍然得以保存。

这个争论会继续下去，而我们则要对两种观点都保持敏感。在实践中，假如不涉及模糊的概念，人们通常都会接受排中律；不过，一旦涉及模糊的概念，情况就不再那么清晰了，我们要选择一种谨慎的解决方式。

同时参见：

1.6　一致性

1.12　重言式、自相矛盾和不矛盾律

3.13　标准

推荐读物：

Bart Kosko (1993). *Fuzzy Thinking*：*The New Science of Fuzzy Logic*.

Timothy Williamson (1994). *Vagueness*.

Rosanna Keefe (2007). *Theories of Vagueness*.

3.5 范畴谬误

偶尔，有人会十分全面地说明一种哲学工具，详细地解释它的本质和用途，而后再配以生动的例子。吉尔伯特·赖尔（Gilbert Ryle，1900—1976）在著名的《心的概念》（*The Concept of Mind*，1949）中，就是这样论述"范畴谬误"（category mistake）的。该书的第 1 卷从头到尾都在谈论什么是范畴谬误，这或许受到了德国现象学家埃德蒙德·胡塞尔（Edmund Husserl，1859—1938）的影响。

赖尔列举了许多引人入胜的例子，以说明范畴谬误的具体含义是什么。其中一个例子是，有个外国旅客到了牛津大学，走遍了所有的学院、图书馆和其他建筑之后问道："大学究竟在哪里？"他误认为大学是像图书馆或学院一样的建筑，而没有认识到它其实是由这些建筑物共同组成的机构。

另一个例子是，还有个倒霉的外国人去观看板球比赛，她了解到所有队员的分工后说道："我没有看到有人为团队精神（esprit de corps）出力啊。"她的问题在于，把团队精神误认为比赛中的一种具体行为，而非通过具体行为共同表现出的态度或状态。

在这两个例子中，外国人都将事物归类于（categorized）错误的范畴之中。大学被错误地归类于建筑物，但它实际上是一个机构；为团队精神出力被错误地归类于具体行为，但它实际上是通过一系列具体行为表达出来的态度。

心灵和意志的例证

赖尔认为，就关涉心灵本质的争论而言，范畴谬误是导致混乱的关键因素。在他看来，自笛卡尔以降，许多哲学家都误认为心灵是一种客体（object），或者像大脑、桌子或花朵一样，是物质的（material）。然而，心灵的存在方式，显然与大脑、桌子或花朵等物质完全不同，因此，若坚称心灵是一种客体，我们就不得不把它理解成一种鬼魂般的实体（substance）。赖尔认为，这就是一个错误。心灵根本就不是一种客体，而更像是一系列能力和性情的组合，它并不说明任何实体的存在。

赖尔声称，范畴谬误在哲学的各个领域都随处可见。他还讨论了"意志"这个概念：假如我们把意志视为我们自己的独立组成部分；并且，根据我们的选择，该部分就像打开或关闭开关一样，操纵了我们做出何种决定，那么我们就犯了范畴谬误。因为意志不是一个事物，甚至不是一种能力，而是我们实践一系列行为背后的态度或习惯（manner）的简称。我们是否按照自己的意志行事，取决于我们赞同抑或抵制这个行为，而非我们身体中的某个部分做出了这样的决定。

我们在此需要牢记，当谈及范畴谬误时，我们的意思是某一事物被归类于错误的范畴之中。当然，在更多情况下，我们无法精确地判断这种错误是否存在。此时，我们就使用"范畴争议"（category disputes）。例如，"善"是简单清晰却难以界定的吗？我们能够用幸福、无痛苦等属性去界定"善"吗？换言之，"善"应该归类于简单清晰、难以界定的范畴，抑或归类于复杂、可以界定的范畴？假如我们要指责这个争论中的某一方犯了范畴谬误（将"善"归类于错误的范畴），那么我们就必须表明这个范畴错在哪里；否则，就不过是指责他们陷入了范畴争议。再比如，范畴谬误意味着把"大学"误认作一座建筑物，范畴争议则涉及心灵是否能够被理解成一系列性格或性情。

同时参见：

1.10 定义

3.2 替代性解释

3.9 概念的不连贯性

2.2* 范畴和种差

推荐读物：

Gilbert Ryle（1949）. *The Concept of Mind*.

A. D. Carstairs（1971）. Ryle，Hillman and Harrison on categories. *Mind* 80（319）：403–408.

Amie L. Thomasson（2002）. Phenomenology and the development of analytic philosophy. *Southern Journal of Philosophy* 40：Supplement，115–142.

3.6 其他条件不变

ceteris、paribus 这两个单词可以为你省去不少麻烦。它们的含义很简单，就是指"其他条件不变"，但它们却特别重要。

以一个简单的思想实验为例。你的大脑被移植到另一个身体里面，并且同时移植了你的思想、记忆、性格等，我们把这个人叫作"倪脑"。同时，你的身体接收了另一个人的大脑，我们则把这个人称为"倪身"。但在进行这些手术之前，你需要签订一份协议，选择将你的所有银行存款和财产等转移给倪脑或倪身。那么，出于自利的考虑，你会选择哪个人呢？

有经验的哲学家立即就能指出，这个思想实验包含了"其他条件不变"的条款。这就是说，该实验假定，除了手术中做出的特定变更，其余一切皆与手术前完全一样。例如，身体的健康或性别未曾改变；手术后不会比手术前难看；手术前没有被 FBI 通缉，手术后也不会被 FBI 通缉；等等。"其他条件不变"非常重要，因为该思想实验的目的就在于：相较于身体、大脑而言，关注"心灵"是否决定了我们的个人同一性。出于这个原因，其他因素或变量都应被隔离开来。因此，通过"其他条件不变"，思想实验（2.11）的设计者就可以减少不必要的负担，而着眼于他们真正关心的问题。

排除异常

我们提出"其他条件不变"时，通常也就意味着"在正常条件下"（under normal conditions）。这就是说，在我们描述的事件里，不包含任何可能影响推理的异常情况。例如，我们在"其他条件不变"的情况下讨论大屠杀，那么任何极端的情况都不在考虑范围内，像屠杀者不在中午前杀死 20 个人，整个世界就会毁灭，等等。但是，词组"在正常条件下"却不能捕捉到"其他条件不变"的所有含义，就以我们上述提到的思想实验为例，其中的假设条件显然不是现实中的正常条件。

不同的解释

"其他条件不变"的原则还有助于我们评估两种不同的解释，进而做出自己的选择，纵使这两种解释都没有得到强有力的证据支撑。例如，麦田怪圈是外星人的杰作，抑或人们的恶作剧？我们若要得出合理的结论，就只能依据现有的证据，同时假设其他条件都是一样的，而后思考哪种解释更有可能。当然，在现实中，其他事物都完全一致似乎并不可能，或许存在着尚未发现的证据，它们甚至能让我们得出确定性的结论。但在这样的证据出现之前，我们只能关注眼前的证据，并且假设其他一切条件都是一致的。

对立的观点

"其他条件不变"同样有助于我们在道德推理中，评价两个对立的观点何者更优。例如，"享乐功利主义者"（hedonic utilitarians）相信，在任何情况下，有助于最大多数人的最大幸福的行为，就是道德意义上的正确行为。反对这个理论的一种通常做法是：描绘一种情形，其中的行为明显令人厌恶，但却符合功利主义的道德标准。比如，一个无辜的人被指控是连环杀手。他没有家庭和朋友。如果他能被定罪，愤怒的群众就会平息下来。如果他被无罪释放，人们则会感到气愤和恐慌，甚至有些愤怒的人打算以自己的方式讨还公道。同时，真正的连环杀手也已不再杀人，而心理学家们也确信这种无节制的屠杀停止了。那么，在这种情况下，功利主义者就不得不承认，判决无辜的人有罪是最优的做法，因为这样做能够最大限度地增进人们的幸福。但显然，这是不正义的。

在面对这个道德困境时，功利主义者很有可能指出，判决无辜的人有罪将会导致一些其他恶果——比如，真正的连环杀手仍然有可能再次杀人。但是，假如批评者提出"其他条件不变"的条款，就能规定讨论的范围只局限在上述情形之中，而其他一切条件均保持不变。这样就能强迫功利主义者正视这个困境的核心问题：假如增进人们的幸福就要侵犯正义，那么功利主义者是否会侵犯正义？因此，"其他条件不变"使讨论的焦点能够集中在这个论证的真正用意之上。

"其他条件不变"的条款通常是未曾言明的，但它在哲学里却是一条非常有用的规则，因为它让我们无须考虑那些没有被明确陈述出来的内容。于是，只要论证采用了"其他条件不变"的条款，即假定其他一切条件都保持一致，我们就可以避免许多不必要的麻烦。

同时参见：

2.11　思想实验

1.10*　蕴含/蕴涵

2.8*　奥卡姆剃刀

推荐读物：

John Stuart Mill（1843）. *System of Logic：Ratiocinative and Inductive.*

J. Earman, Clark Glymour, and Sandra Mitchell (2003).
Ceteris Paribus Laws.

A. Reutlinger, G. Schurz, and A. Hüttemannn (2019). Ceteris paribus laws. In: *Stanford Encyclopedia of Philosophy* (ed. E. N. Zalta), Spring 2019 edn.

3.7　循环论证

在学院哲学里，笛卡尔《第一哲学沉思集》（*Meditations on First Philosophy*, 1641）的地位有点令人捉摸不透。一方面，人们普遍承认它是经典作品；另一方面，一年级新生却用这本书作为论辩的练习工具。很容易就被初学者推翻的经典作品，不是一个诡异的怪物吗？

对于这个问题的一种解释是：只要仔细思考，我们就能发现较为明显的错误；但若要触及哲学的根本问题，则需要进行更加全面的思考。因而，在讨论以下例子的时候，我们要牢记：明显错误的背后还潜伏着更深层的问题。

定义

"循环论证"（circularity）大概是指这种情况：我们不仅要通过前提证明结论（就此而言，任何可靠或有效的论证都是如此），而且要通过结论证明前提。因此，循环论证就是"乞题谬误"（参见 3.24）的一种类型。除了通过结论证明前提之外，如果没有接受前提的其他理由，这样的论证就是失败的。这也正是逻辑循环论证的缺陷所在。

笛卡尔循环

在《第一哲学沉思集》中，笛卡尔的目的是为知识提供一个牢固、可靠的根基。他认为，这样的根基能够从我们"清晰的、不可置疑的"观点中去寻找。这样的概念是自明的、确定的（1.11），没有人能够质疑它们。但是，我们确信无疑的事未必就是真的，不是吗？那么，我们何时能够保证，我们心灵中确信无疑的事就是现实中的事实呢？答案是需要上帝。笛卡尔指出，假如完美的上帝存在，那些清晰的、不可置疑的思想就一定是真的。毕竟，完美的上帝不会让我们为基本的自明真理所欺骗。因此，为了证明清晰的、不可置疑的观点肯定是真的，笛卡尔便要诉诸上帝的存在。

但问题在于，为了证明上帝存在，笛卡尔又要依靠那些清晰的、不可置疑的观点；但在他证明上帝存在之前，他又无法保证这样的观点可以信赖。换言之，他在前提中已经假定了他想要证成的结论。用上帝证明清晰的、不可置疑的观念，用清晰的、不可置疑的观念证成上帝存在：这就是一个循环推理。

1. 清晰的、不可置疑的观点可以信赖，因为上帝确保了这一点。

2. 我们知道上帝存在，因为我们拥有关于上帝的清晰的、不可置疑的观点。

这种论证上帝存在的方式，岂不是类似于：上帝存在，因为《圣经》

中说上帝存在；《圣经》中的说法是权威的，因为《圣经》源于上帝？

打破循环：不过是循环的表象

是否所有的循环论证都有缺陷？如果它们真的导致循环，答案就是肯定的。但是，许多循环论证只不过是一种表象。让我们来看以下例子：我们在等一辆公交车时，一个顽皮的大学生跑了过来。她刚刚学习过笛卡尔的怀疑主义，便想要说服我们等公交车的行为其实缺乏合理的理由，因为我们对公交车的期待属于一个循环论证，具体可被表述为：

1. 我们怎么知道公交车下午5点到？
2. 因为列车时刻表上写着公交车下午5点到。
3. 我们怎么知道列车时刻表是对的？
4. 因为公交车下午5点到。
5. 我们怎么知道公交车下午5点到？

按照这个顺序来看，该论证的形式可能类似于笛卡尔的循环论证：因为列车时刻表是对的，所以公交车下午5点到；因为公交车下午5点到，所以列车时刻表是对的。

然而，它不是一个真的循环论证。因为无论列车时刻表是对的，抑或公交车下午5点到，我们都有另外一个独立的理由相信它：过去的经验。经验告诉我们，这辆公交车一向守时、可以信赖，而且车站张贴的列车时刻表也一直都很准确。这个论证并不会真正导致循环，因为我们在回答上述第1行问题和第3行问题时，都可以诉诸独立的基础，从而打破循环。因此，例如，从第3行到第 4 行的推导就可以引入一个理由，而该理由并不依赖我们试图证成的内容。如果第 4 行仅仅依赖第 2 行（反之亦然），我们就会面临一个恶性的循环论证。

解释学循环、概念的整体性和连贯性

在我们宏大的概念系统中，会不会已经出现了一些循环论证，却难以识别？追求"连贯性"的认识论者认为，知识理论的合理性并不能通过经验世界或者感观直觉得以证成，而只能依靠理论命题之间的关系（参见 1.1）。符号学家持有类似的观点，即认为符号系统赋予了词语意义，但词语的意义最终又要追溯到它们自身，或许这一过程就是无限循环的。"解释学"（hermeneutics，或译"诠释学"）哲学家如汉斯·格奥尔格·伽达默尔（Hans Georg Gadamer）、保罗·利科（Paul Ricoeur）和弗里德里希·施莱尔马赫（Friedrich Schleiermacher）都曾指出：若要解释新的经验和新的文本，我们就都要依赖以往的知识，而这也被称为"解释学循环"（hermeneutical circle）。它们或许不是恶性的循环，因为它们都不是论证过程中的循环，而是用循环的方式解释概念的意义。但它们也有可能是循环论证，因为它们都难免回溯到自身：A 的合理性能够被 B 证明，B 的合理性能够被 C 证明……Y 的合理性能够被 Z 证明，Z 的合理性能够被 A 证明……

归纳循环？

有人曾经质疑演绎论证是否属于乞题谬误（参见 3.24）；但大

卫·休谟却对归纳论证提出了一个至今都令人困惑的疑问：归纳推理是否要依赖循环论证？他提出以下疑问：过去的经验为何能够证明现在或未来将要发生的事情？唯一的原因是：我们要相信过去的经验能够证明现在或未来将要发生的事情。但我们为何要相信这一点？答案是，因为过去的经验。因此，过去的经验是有效的证据，当且仅当我们相信过去的经验。

或者，正如休谟所言："概然推断是建立于我们所经验过的那些对象与我们没有经验过的那些对象互相类似的那样一个假设。所以，这种假设决不能来自概然推断。同一个原则不能既是另一个原则的原因，又是它的结果"①（《人性论》，1.3.6）。

那么，要想避免归纳推理陷入循环论证，我们似乎就不能用归纳的方式来证成它。总之，这里想要强调的内容是，"因为 b，所以 a"的论证步骤往往需要我们进一步地揭示：假如一个论证的前提依赖它试图证明的结论，那么它就是一个循环论证；假如并非如此，那么它就不是一个循环论证。

同时参见：

1.12 重言式、自相矛盾和不矛盾律

3.24 乞题

3.27 无穷倒退

推荐读物：

René Descartes (1641). *Meditations on First Philosophy*.

David Hume (1739 - 1740). *A Treatise of Human Nature*.

---

① 译文参见休谟：《人性论》上册，关文运译，商务印书馆 1980 年版，第 107 - 108 页。

Alan Gerwitz (1941). The Cartesian circle. *Philosophical Review* 50: 368–395.

Don Idhe (1971). *Hermeneutic Phenomenology: The Philosophy of Paul Ricoeur.*

D. Davidson (1989). A coherence theory of truth and knowledge. In: *Truth and Interpretation* (ed. E. LePore), pp. 307–319.

Luciano Floridi (1996). *Scepticism and the Foundation of Epistemology*, Ch. 3.

3.8 合成与分割

截至写作时为止，最大南瓜派的世界纪录是在 2010 年俄亥俄州新不来梅市（New Bremen）的南瓜节上创下的，当时南瓜派重达 1 678 公斤（或约 3 699 磅）。这个派的直径达到了惊人的 6 米（约 20 英尺）。然而，如果你推断从那个派上切下的每一块都达到了世界纪录的尺寸，你就犯了"分割谬误"（fallacy of division）。美国职业棒球大联盟（MBL）每年都会举办一场表演赛，两支全明星球队都是由世界上最好的职业棒球运动员组成的。然而，如果你推断这些球队是世界上最好的球队，你就犯了"合成谬误"（fallacy of composition）。这是为什么呢？

事实上，当我们以错误的方式，在两种主张——关于个体的主张与关于这些个体所组成的整体的主张——之间游移时，我们的推理通常就会出现问题。

部分与整体，球员与球队

实际上，哲学家们对部分与整体之间的关系一直都很感兴趣，几乎从哲学开始的时候就是如此。有趣的是，当个体以小组、整体或集合的形式聚集在一起时，似乎就会出现新的属性；而当整体溃散时，这些属性就消失了。例如，1969 年的纽约大都会队赢得了当年的世界棒球大赛，这使这支球队至少在当时是美国最好的职业棒球队，但就个人而言，组成这支球队的球员并没有在表现排名中名列前茅。然而，当这些球员被组合成正确的球队时，似乎发生了一些特别的事情。2014 年的世界杯冠军德国队也取得了同样令人瞩目的胜利。尽管没有像葡萄牙的克里斯蒂亚诺·罗纳尔多或阿根廷的利昂内尔·梅西这样的个人明星，但德国队还是取得了胜利，因为球员组成了一个高效的整体。

整体主义与个体主义

整体与部分是不同的，体育不是唯一的例子。即使在科学和数学中，整体与部分之间的差异也是显而易见的。虽然人体的三分之二是水，但这并不意味着每个部分都是三分之二的水。虽然所有整数的集合是无限的，但组成集合的每个独立的数字却不是无限的。

举个哲学史上的例子，18 世纪的法国政治理论家让-雅克·卢梭认为，当个体共同构建一个社会时，会出现一种他称之为"公意"（general will，或译"普遍意志"）的新东西，这是一种集体的意志，但不仅仅是个体意志的总和。

这就是哲学中的争议所在。那些认为整体和集体可以完全用构成它们的个体来理解的人，被称为"方法论的个体主义者"（methodological individualists）；而认为整体不能还原为个体之集合的人，被称为"方法论的整体主义者"（methodological holists）。但在任何情况下，无论考虑什么主题，你都要对整体与部分相互作用的方式保持敏感。这样做可以帮助你避免合成谬误与分割谬误。

　　合成谬误：根据有关部分的主张，错误地推理出有关整体的主张。

　　分割谬误：根据有关整体的主张，错误地推理出有关部分的主张。

请注意，根据对整体的真实理解，有时能够很好地推理出有关部分的内容。毕竟，根据世界上最大的南瓜派，进而推理出其中的一块含有南瓜，这就是合理的推断，即便我们不能推理出这是世界上最大的一块。

同时参见：

1.4　有效性和可靠性

2.7　逻辑建构

3.3　歧义谬误与模糊笼统

1.24*　普遍/特殊

推荐读物：

Aristotle（4th century BCE）. *On Sophistical Refutations*.

Galen. *On Language and Ambiguity*（1977）；trans. *De captionibus* [*On Fallacies*]（2nd-3rd century）.

Ralph H. Johnson（2014）. *The Rise of Informal Logic*.

3.9   概念的不连贯性

我的一位朋友在教外国人英语。有一次，她的学生提出了一个有趣的问题：在"我将来香蕉"和"我曾经香蕉"两个句子中，哪个才是正确的？显然，答案（没有一个是正确的）会出乎这个学生的意料。

有些问题没有答案，无法解决，因为它们毫无道理可言。假如我们无法保证"连贯性"（coherence），我们就不可能进行辩论、讨论或调查研究。"四条边的三角形"就是一个不连贯的概念，因为它自相矛盾。而且，一旦意识到这一点，我们就能发现，任何关于"四条边的三角形"的哲学问题，无论看上去多么合乎情理，实际上都是漫无边际的瞎扯。（但这不意味着，这些问题可被完全忽略。比如，你可能想要研究"逻辑不连贯"与其他抽象概念的关系，你还有可能想要追问不连贯的"概念"能否称得上是真正的概念。）

女人的真实本性

然而，并不是所有逻辑不连贯的概念，都像四条边的三角形那样一目了然。珍妮特·雷德克里夫·理查兹（Janet Radcliffe Richards）在她的《怀疑的女性主义》（*The Skeptical Feminist*）一书中，提出了涉及"不连贯性"的一个更加微妙的例子。她研究的主题是女人的本性，即思考女人成长和生活的环境如何影响她们的本性。显然，环境的确会影响到女人如何思考和行事。但她指出，因此就认为受到环境影响的女人便不是她们自己，则是一种谬误。这就是说，有人误以为，假如消除环境对女人的影响，我们就能认识到她们真正的样子。这种观点暗含了一个前提假设：我们要了解事物的真实本性，（1）就要把它们放在"正确的"环境中；（2）甚至可以说，它们不能生活在任何环境中。

这两个观点都违反了概念的连贯性。就第二个观点而言，所有事物都必然生活在某种环境中，甚至真空也是一种环境。因此，"只有不在任何环境中，才能揭示事物的真实本性"是不连贯的，因为任何事物都不能满足这个条件。

同样，根据雷德克里夫·理查兹的观点，"只有在正确的环境中，才能揭示事物的真实本性"亦是不连贯的。首先，"正确的环境"是一个有问题的概念。因为出于不同的考量，我们对正确的环境的理解也有所不同。就三文鱼的正确的环境而言：当我们烤它时，正确的环境是热的烤箱；当它产卵时，正确的环境又是另外一种情况了。

更加重要的是，我们要根据某事物在不同环境中的变化，去了解该事物的本性。比如，我们只有认识到铁在热、冷、碰撞、置于水中等各种环境中的自然反应，才能充分明白它的本性。相反，假如将铁置于最有利于稳定的最佳环境中，我们就只能认识到它的部分本性。

雷德克里夫·理查兹的批判表明：不在环境中，或在单一的最佳环境中，我们都无法揭示事物的本性。这样的"本性"概念是不连贯的，一经审视，就无法立足。乍看之下，这个理论似乎很有道理，但仔细观察的话，我们就会发现并非如此。

不连贯性对混淆

　　以上例子究竟属于概念的不连贯，抑或属于概念的混淆？这仍然是一个问题。有人或许认为，只有概念内部自相矛盾（3.10），我们才称它为不连贯的概念。那么，就雷德克里夫·理查兹所举的例子而言，并不存在这样的自相矛盾：该问题主要涉及如何理解"真实""本性""环境"的含义，或者我们该如何解释"真实本性"。因此，我们更倾向于说这个问题属于"概念混淆"（conceptual confusion），而非概念不连贯。这种谨慎的表述说明两者有一定的区别；然而，无论我们以何种错误为由进行批判，该批判都是有效的。换言之，细心的哲学家既不会犯"概念不连贯"的错误，亦不会犯"概念混淆"的错误。只要是臭水沟，味道都很难闻。

同时参见：

1.12　重言式、自相矛盾和不矛盾律

3.4*　女性主义与性别批判

4.6*　悖论

推荐读物：

Janet Radcliffe Richards (1980). *The Skeptical Feminist.*

★ Robert J. Gula （2001）. *Nonsense：Red Herrings，Straw Men，and Sacred Cows：How We Abuse Logic in our Everyday Language.*

★ D. Q. McInerny （2005）. *Being Logical：A Guide to Good Thinking.*

3.10　矛盾/对立

　　玛丽，据说玛丽是十分对立的，但"对立"的含义到底是什么呢？在日常对话中，当人们持有不同意见、好争论或不赞同时，我们称他们为"对立"。出于类似的理由，我们也说人们彼此矛盾。然而，在逻辑学中，"矛盾"（contradiction）与"对立"（contrariety）这两个概念具有更为精确的和富有逻辑性的含义。

　　我们在 1.6 中看到，矛盾与对立是不一致性的两种类型。称一组命题"不一致"，只是说，在相同情况下，构成该组命题的所有命题在逻辑上不可能同时为真。一个不一致的集合有可能包含大于一的任何数量的句子，但术语"对立"与"矛盾"通常都只涉及一对命题。由于对立与矛盾都属于"不一致"，所以双方不可能都为真，但事实上它们各自为假的可能性是不同的。简要总结这种差异的方法如下：

　　　　无论对立或矛盾，涉及的双方都不可能同时为真，

　　　　对立的双方（contraries）可以同时为假，但

　　　　矛盾的双方（contradictories）之中，只能有一个是假的。

或者，也可以这样说：

　　　　对立的双方之中，至少一方必然为假，但

　　　　矛盾的双方之中，有且只有一方必然为假。

正如你所看到的，虽然矛盾与对立都代表了不一致性，但它们的表现方式不同。在实践中，你会遇到更多的对立而非矛盾。当仔细检

查理论或文本的不一致性时，牢记这一点很重要。

一些例子清楚地说明了这一点。"所有男人都秃顶"和"没有男人秃顶"这两个陈述是对立的，因为两者都有可能是假的（确实是假的），但逻辑上不可能同时为真。同样，"我们现在在英国"和"我们现在在尼日利亚"是对立的，因为一个人有可能在英国，也有可能在尼日利亚，或者有可能先在一个地方而后再在另一个地方，也有可能两个地方都不在（比如在日本），但在相同的意义上，不可能同一时刻在这两个地方。

相反，"所有男人都秃顶"和"有些男人不秃顶"这两个陈述不是对立的，因为尽管两者并不一致，但它们不可能同时为假。假如"所有男人都秃顶"是假的，那么"有些男人不秃顶"就一定是真的；假如"有些男人不秃顶"是假的，那么"所有男人都秃顶"就一定是真的。

双面真理论、次协调逻辑和外逻辑话语

哲学家们几乎质疑一切，但他们很少挑战推理本身的基本法则。这是因为，正如我们在 1.12 中所看到的，反对推理的基本规则时就已经预设了它自身，而让你陷入矛盾！因此，反对基本推理法则的论点是"自我挫败的"（self-defeating）。真的是吗？也许，还有理解矛盾的其他方式或例外。

一直以来，逻辑学家都在与一个历史上有争议的观点做斗争，而格雷厄姆·普里斯特（Graham Priest）则在 1981 年将其命名为"双面真理论"［dialetheism，来自希腊语中的"两个"（di）和"真理"（aletheia）］。这是一个复杂的话题，但它主要表达了一个观

点：有些矛盾的双方可能都是真的。对一些人而言，逻辑上的"悖论"（paradoxes），如"这个句子是假的"或"我所说的一切都是谎言"，似乎是理解"双面真理论"这个术语的最好办法。"暖""秃"或"内部"等模糊的概念可能亦是如此。还有一些，如我们在 1.6 中所看到的，则是形而上学中的超越的概念，如"上帝"或"绝对"，也在某种程度上包含着矛盾（又如，基督既是有限的有时间限度的人，又是无限的永恒的神）。

　　还有人则用另一种方法争辩说，逻辑并不适用于一些重要的说话和思考方式。宗教的话语是一个常见的选项。例如，大卫·休谟在他的论文《概论党派》（"Of Parties in General"）中指出，传统的宗教叙事"在每个教派中都是不同的，但彼此并不对立"。另一些人则认为，诗歌和各种诗歌的表达形式有意义地运用了对立与矛盾。例如，罗伯特·杰伊·利夫顿（Robert Jay Lifton）在 1986 年出版的《纳粹医生》（*The Nazi Doctors*）一书中，记录了对一位犹太牙医的采访，他在奥斯威辛纳粹集中营里被埋葬时，还在监督人们从被杀害的囚犯身上取出黄金。回想起这段可怕的经历，这位牙医说："这个世界不是这个世界"——这显然是一个自相矛盾的说法，但显然也很有意义。

　　与双面真理论相关的一个概念是"次协调逻辑"（paraconsistent logic，或译"弗协调逻辑""亚相容逻辑"）。次协调逻辑并不太考虑矛盾在什么意义上是正确的。相反，它允许在推理中使用矛盾，但这样的推理不能导致逻辑学家所说的"爆炸"（explosion）。经典逻辑告诉我们，矛盾最危险的问题之一是，如果你允许它们，那么任何情况都可能出现。更准确地说，标准逻辑可以证明，承认一个矛盾，你就会从中得到任何结论，无论这个矛盾有多么微不足道，或者它的结论与其他论证的结果是多么不一样。这就是逻辑爆炸。逻辑学应该帮助我们辨别什么是能够被合理证明的，什么是不能被合理证明的，同时保持一致性，但逻辑爆炸则使这种辨别变得不可能。因此，支持次协调逻辑的哲学家还有自己的工作要做。他们的任务是要避免自我挫败，同时也要表明如何在不引起爆炸的情况下运用一些矛盾进行推理。你还以为逻辑是安全的吗？

同时参见：

1.6　一致性

1.12　重言式、自相矛盾和不矛盾律

2.3　辩证法

4.6*　悖论

推荐读物：

J. P. Anton (1957/2017). *Aristotle's Theory of Contrariety*.

Graham Priest（2006）. *In Contradiction：A Study of the Transconsistent*，expanded edn.

Graham Priest (2006). *Doubt Truth to Be a Liar*.

J-Y. Beziau，M. Chakraborty，and S. Dutta（eds）（2014）. *New Directions in Paraconsistent Logic*.

3.11　换位法、换质位法、换质法

这可能很难让人相信，但以下是一个可靠的论证："没有任何一个非哺乳动物是狗。没有任何一个冷血动物是哺乳动物。因此，所有的狗都是温血动物。"这太混乱了，不是吗？事实上，人类的很多表达都相当混乱和令人困惑。这就是推理如此困难的原因之一。逻辑学家当然更喜欢他们的论点更有洞察力，谢天谢地，他们已经开发了很多澄清语言的技巧，至少是出于逻辑目的。其中，最有用的三种方法是"换位法"（conversion）、"换质位法"（contra-position，或译"对置法"）和"换质法"（obversion）。使用这些方法，我们可以这样重述我们关于狗的论证："所有的狗都是哺乳动物。所有的哺乳动物都是温血动物。因此，所有的狗都是温血动物。"这好太多了。

　　这里要理解的重要一点是，第一个论证和第二个论证在逻辑上实际是同一个论证。换位法、换质位法和换质法只是转化的规则。它们将一个句子转换成另一个句子，这两个句子既在逻辑上等价（意思是具有一个等价的逻辑结构），又在质料上等价（意思是具有相同的真值）。从一个前提到一个结论的推导，往往被逻辑学家称为"直接推理"（immediate inference），而这三条转化或转换的规则就是一种直接推理（还有其他的）。

　　要使用这三种方法，首先要根据以下四种句子形式中的一种，去构建你希望转化的句子的框架。按照惯例，它们被称为 A、E、I 和 O 的句子形式。幸运的是，我们用来推理的大部分语言都可以通过它们来表达。（S 和 P 分别代表主语和谓语。A 和 I 是肯定，而 E 和 O 是否定。）

　　　　　A：所有的 S 是 P。

　　　　　E：没有 S 是 P。

　　　　　I：有的 S 是 P。

　　　　　O：有的 S 不是 P。

换位法：首先，让我们对这些句子进行换位。换位法是最简单的等价转化规则。你只需要交换主语和谓语。然而，它是有限制的；它只适用于 E 和 I 的句子形式。（注意，这些转化是双向的。）

　　所有的 S 是 P　　　（没有有效的换位形式）

　　没有 S 是 P　　　　没有 P 是 S

　　有的 S 是 P　　　　有的 P 是 S

　　有的 S 不是 P　　　（没有有效的换位形式）

　　所有的鲈鱼是鱼　　（无法换位）

　　没有鲈鱼是鱼　　　没有鱼是鲈鱼

　　有些鲈鱼是鱼　　　有些鱼是鲈鱼

　　有些鲈鱼不是鱼　　（无）

换质位法：现在，让我们对这些句子进行换质位。如同换位一样，换质位也是通过交换主语和谓语而产生的。但对换质位而言，还有一个额外的步骤。主语和谓语都必须以其逻辑补语（有点像它们的对立面）的方式重新表述。换质位是换位的补语，因而也有限制；在这种情况下，它不适用于 I 和 E 的句子形式。

　　所有的 S 是 P　　　所有的非 P 是非 S

　　没有 S 是 P　　　　（没有有效的换质位形式）

　　有的 S 是 P　　　　（没有有效的换质位形式）

　　有的 S 不是 P　　　有的非 P 不是非 S

　　所有的鲈鱼是鱼　　所有的非鱼是非鲈鱼

　　没有鲈鱼是鱼　　　（无法换质位）

　　有些鲈鱼是鱼　　　（无）

有些鲈鱼不是鱼　　有些非鱼不是非鲈鱼

换质法：最后，让我们对原来的句子进行换质。从某种意义上说，换质是一种最强大的操作，因为它可以在所有四种句子形式上进行。要对一个句子进行换质，你首先要把这个句子从否定变成类似的（普遍或特殊）肯定，或者把肯定变成类似的（普遍或特殊）否定；然后，你把谓语改成它的补语。它看起来是这样的：

所有的 S 是 P　　　没有 S 是非 P

没有 S 是 P　　　　所有的 S 是非 P

有的 S 是 P　　　　有的 S 不是非 P

有的 S 不是 P　　　有的 S 是非 P

所有的鲈鱼是鱼　　没有鲈鱼是非鱼

没有鲈鱼是鱼　　　所有的鲈鱼是非鱼

有些鲈鱼是鱼　　　有些鲈鱼不是非鱼

有些鲈鱼不是鱼　　有些鲈鱼是非鱼

同样，左边的每个句子在逻辑上都和右边的句子意思一样，反之亦然。这就是为什么它们被称为"逻辑等价"。而且，由于它们在逻辑上是等价的，它们也是逻辑学家所说的质料等价——也就是说，转换之后的句子真值保持不变。因此，转换之后为真的句子仍然为真，而为假的句子仍然为假。

这些都是非常有用的操作，它们可以帮助你理清一些非常棘手的文本。然而，请记住，我们在这里对它们做了一种相当粗略的介绍。要获得这些操作的真正便利，请参阅《批判性思维的工具箱》（*The Critical Thinking Toolkit*）或其他适用的逻辑文本。熟能生巧。

同时参见：

1.1　论证、前提和结论

1.2　演绎

推荐读物：

★ Galen Foresman，Peter S. Fosl，and Jamie C. Watson（2016）. *The Critical Thinking Toolkit*；see 3.4.

★ Walter Sinnott-Armstrong and Robert Fogelin（2015）. *Understanding Arguments*.

★ Morris R. Cohen，Ernest Nagel，and John Corcoran（1993）. *An Introduction to Logic*.

3.12　反例

在日常生活中，我们经常自问是否做了正确的事情。如果欺骗母亲说自己滴酒不沾，这样对吗？或者，这只是一个善意的谎言？我们随时开怀畅饮正确吗？或者只要我们能够开心，打扰到邻居休息也无所谓？但是，我们在进行哲学研究时并不关心这样的个例。因为我们的目的是发现更加普遍的真理，比如说谎是否始终是错误的，甚至什么是行为的"正确"和"错误"。

"普遍性"（generality）使哲学问题与日常问题区分开来，因为哲学问题的答案通常都会涉及普遍性或一般性。换言之，哲学答案除了能够解释"欺骗母亲滴酒不沾"的谎言之外，还应该适用于所有关于谎言的其他个例。由于哲学答案最好适用于所有的个例，所以每一个单独的例子又变得重要起来。这是因为，我们还可以通过特殊的个例，进一步验证或否定普遍性的陈述。从逻辑学的角度来说，全称命题（如所有的 X 是 Y）非常容易被证伪，因为只要存在一个反例（这里有一个 X，它不是 Y），就能证明该命题是错误的。或者说，全称命题的弱点就是它的反例。

善＝快乐

例如，我们若要证明"善的"行为都会带来快乐，那么最好能够确定，不存在任何一个行为既是善的，又没有带来快乐。假如有人找到了这样的例子，它就被称为"反例"。例如，反对者可能会提出，给慈善机构捐款是令人心痛的，因为这会让你用于享受生活中美好事物的钱变少了，然而几乎没有人会认为将工资中的一部分捐给盲人不算一种"善的"行为。因此，我们要么修正这个快乐主义的道德理论，要么找到另外一种方法能够兼容这个反例。

例如，我们可以回应说，虽然慈善的后果对你而言是痛苦的，但接受捐赠的人却会感受到快乐。这样，我们就已经对原有命题进行了一个较为重要的修正（或者说，我们更准确地澄清了原有命题）：快乐的后果使行为是"善的"，但体验到快乐的人未必是做善事的人。

因而，反例除了将理论置于死地之外，还能作为建设性的批判。当然，我们也可以硬着头皮坚称，将钱捐给慈善机构就是"善的"行为，但这样做对我们来说毫无意义。面对接连不断的反例以及理论家运用辩证法（2.3）对其做出的回应，各种观点要么磨炼得坚实可靠，要么逐渐式微直至站不住脚。

陌生事例的重要性

需要注意的是，有些反例会假设一些陌生的情景，它们在日常生活中并不常见，但这却丝毫不减少它们在哲学论证中的重要性。比如，我们可以举出前述快乐主义的道德理论的另一个反例：世界上有些人是受虐狂，他们通过遭受惊人的疼痛而获取快乐。因此，他们获取快乐的行为很有可能不是善的行为。这些人很罕见，但假如他们确实通过极端痛苦的方式获取快乐，那么这就是合适的反例。简言之，命题或理论必须同样适用于一些古怪或偏僻的条件，它们才能真正成立，因为它们应该具有普遍的有效性。普遍性是一个非常高的标准。

修正的界限

到目前为止，还比较简单。但在命题或理论因反例而被进行辩证的修正时，我们要注意保存它们的关键本性。换言之，假如命题经过一定的修改，它是否还保持原有的本性是容易引起争议的，以约翰·塞尔著名的"中文房间"为例。"人工智能"的支持者认为，计算机可以通过"图灵测试"（Turing Test，即通过回答问题，判断能否将计算机与使用母语的人类进行区分），这不仅意味着计算机可以模仿人类的意识，而且说明计算机已经具有完备的心智，拥有适当的认知状态和思维能力。

为了反对这个观点，塞尔构建了一个反例。他设想，有个房间里坐着一个人，他完全不认识任何一个汉字。通过信箱，这个人收到了汉字书写的问题。随后他从一本手册上寻找这些汉字，根据该手册告诉他的正确答案，再将相应的符号画在纸上，传给外界。实际上，计算机正是在这个意义上"懂得"中文。假如这个房间里的人不懂中文，那么计算机亦是如此。这两者只是没有意识地、机械地处理符号而已。

有人却反驳说，"中文房间"的批判其实已经偷换了认知能力的本质。房间里的人或许不懂中文，但房间里的人和手册作为一个"系统"，则是懂中文的。我们应该把整个房间以及它所包含的一切视为语言的使用者，将整个系统与处理符号的计算机相提并论，才是正确的类比方式。我们通常不会认为，中文使用者大脑中的某个部分理解中文，同样，我们也不应该认为计算机的 CPU 理解中文。无论是个人抑或计算机，懂得中文的都是整体，而非其特定部分。由于人工智能的赞同者并没有明确说明计算机的哪个部分在模仿人类意识，故而塞尔的反例并没有在根本上破坏它被用于测试的理论的正确性——也就是说，通过图灵测试的计算机可以被正确地视为能够思考。那么，赞同塞尔反例的人就需要再次说明并非如此。

同时参见：

1.8 反驳

2.5 特例与例外证明规则

2.11 思想实验

推荐读物：

Karel Lambert and Bas C. van Fraassen（1972）．*Derivation and Counterexample*．

John R. Searle（1984）．*Minds，Brains and Science*．

★ Madsen Pirie（2007）．*How to Win Every Argument：The*

Use and Abuse of Logic.

3.13　标准

　　"标准"（criteria）的含义在哲学中也没有什么神秘之处。一个标准的字典定义就足够了："判断或衡量事物的准则、规范。"

　　就此而言，哲学中到处都是标准。其中，标准有时可被表述为"当且仅当"（if and only if，通常写作"iff"）的形式。比如，我们说一个人具有知识，当且仅当：她相信她的信念为真，并能够证实该信念。这就为知识提供了一个标准。换言之，只要某事物满足了这三个条件（它是信念、它能够被证实、它是真的），它就满足了知识的标准。

　　在其他语境中，标准也可被表述为"充分条件和必要条件"的形式。就上述例子而言，这三个条件（它是信念、它能够被证实、它是真的）便可被称为知识的充分必要条件。

　　以上两种表述公式在日常语言中为何没有被界定为标准，其原因不得而知。但在哲学领域，你在使用术语时要极其谨慎。就某些语境而言，哲学家们更倾向于使用"充分条件和必要条件"，而并不使用"标准"；这仅仅是因为人们在使用同一个术语时，会更容易相信他们谈论的是同一件事情。或者说，哲学家们组成了一个共同体，假如他们在相同的情境下使用相同的术语，那么这个共同体就会运行得更加顺畅。

　　如果低估这一点，或者仅把它看作学院哲学的古怪规矩，就有极大的危险。因为在哲学中，一个看似普通的词语，通常都有它特定的用法。假如你在其他语境中使用了这个术语，那么这就会引起人们的困惑：作者是在日常语言的意义上使用该术语的，抑或他在脑海中有一个特定的用法？这同样适用于哲学中的"标准"一词，而这个术语则与路德维希·维特根斯坦的晚期著作中出现的特殊用法有着密切的联系。

维特根斯坦和标准

维特根斯坦的著作中充满了精辟的格言。它们的含义究竟是什么，有时每个人的理解都不一样。大致来说，维特根斯坦使用"标准"去解释词语的含义和用法。例如，正确使用"痛苦"的标准之一是：遭受疼痛的生物以某种方式表现出来，例如表现出悲伤。然而，维特根斯坦此处使用"标准"，并非为了说明痛苦是某些举止行为，也并非说明某些举止行为是痛苦的信号，因为这都是私人的、主观的经验。"标准"的含义不同于以上两种理解，它仅仅表明这是对"痛苦"一词的正确用法。

维特根斯坦相信，这种做法为以往哲学中的难题提供了一个解决办法：我们怎么知道他人想的是什么？该如何避免唯我论（只有我存在）？这些问题已经被消解了（而不是被解决了），因为正确使用词语（如"痛苦"和"心灵"）的标准是社会性的或实践性的。因此，尽管他人的痛苦与快乐是私人的、主观的，但只要他们正确地使用了这些词语，人们就能彼此交流，因为人们对语言的正确用法有着公认的标准。

以上所有观点无疑都会引起人们的争论，但这正是维特根斯坦的学术特性。我们在此主要是想表明，"标准"概念既有维特根斯坦的特殊用法，也有日常语言中的用法。就后者而言，"标准"①或许能被用于哲学的许多讨论中；但由于前者的存在，我们最好在其他哲学论述中慎用"标准"一词，而使用其他词语或词组，这样就能有效地避免混淆。这一点不但适用于"标准"，而且在其他日常语言介入哲学命题时同样有效。你要对此保持敏感，以便能够尽可能清晰地、没有歧义地提出自己的论证。

同时参见：

3.3　歧义谬误与模糊笼统

1.7*　条件/双条件

1.17*　必要/充分

推荐读物：

Stanley Cavell (1979). *The Claim of Reason: Wittgenstein, Skepticism, Morality, and Tragedy*, Pt 1.

John V. Canfield (ed.) (1986). *The Philosophy of Ludwig Wittgenstein: Criteria*, Vol. 7.

Ludwig Wittgenstein (1992). *Last Writings on the Philosophy of Psychology: The Inner and the Outer*.

Haig Khatchadourian (2007). *Meaning and Criteria*.

3.14　信念/反信念

评价一个哲学文本的方法有很多。通常，哲学家们关注的是论

---

①　作者在这里特指的是术语"criteria"，而非"standard"。

证。他们试图分析地确定一个论证是如何构建的，它的组成部分是
什么，它如何发挥作用，它是否合理。哲学家们也会仔细检查、分
析和探究文本所依据的概念。他们试图澄清核心概念、解读它们，找
到它们的基本要素以及来源。然而，还是有其他方法进入一个文本。

论辩、破坏、转化

　　文学评论家罗兰·巴特（Roland Barthes）在他 1975 年的准自
传《罗兰·巴特》（*Roland Barthes*）中区分了"反信念"（para-
doxa）和"信念"（doxa）。他所指的东西并不同于令逻辑学家与形
而上学家着迷的悖论（paradoxes），尽管它们之间也不是毫无联
系。他所说的"信念"包含很多东西——流行意见、传统智慧、政
治学说与当代神话——这些东西是确定的，并且显然是自然的，但
同时也是有限的、压抑的。相反，包含"反信念"的文本则破坏了
既定的信念。这种对立所造成的破坏似乎是辩证的（正如我们在
2.3 中所说的），因此巴特在某种意义上确实刻画了一种辩证法。
但是，对像巴特这样的思想家来说，"信念"与"反信念"的二元
要素之间的竞争，并没有导出一个更全面的真理。它只是将既定的
信念引入一个崭新的或转换之后的符号学和概念领域。这是因为对
巴特来说，"反信念"并不是为了解码和改善理论或其他文本，进
而揭示真理。毋宁说，"反信念"只是重新设置了符号学上的顺序。
例如，人们可能会考虑，作为"反信念"，柏拉图的文本是如何在
古希腊文学、宗教与科学这些"信念"之中，改变我们的思维与写
作方式，进而开辟了哲学传统的。再考虑一下，在经院哲学和文艺
复兴时期哲学的"信念"之中，笛卡尔的文本是如何发挥"反信

念"的作用，并使它们发生了质的变化的。

有时，"反信念"提出了新的、具有破坏性的批判形式，抑或以新的方法进行旧的批判——例如休谟在使用经验主义原则时的做法，根据经验主义原则，术语只有在经验感知的基础上才有意义。有时文本会提出创造性的新观点，如埃利亚的芝诺（Zeno of Elea，约前490—约前430）所提出的悖论就打乱了公元前5世纪的时空观。有时，"反信念"阐释了颠覆性的新概念，例如伯特兰·罗素推翻了关于集合论和数学的既定思维方式，而提出了著名的悖论"所有不属于自身的集合的集合"。有时，"反信念"提出了新的、变革性的观察方式，例如朱迪斯·巴特勒通过将性别描述为"操演性的"（2.8），重新构想了性别，并且取消了性别的自然性。用"反信念"去挑战"信念"，将导致巨大的改变。

请注意，寻找"反信念"的文本需要有相当深厚的历史知识和敏感性，因为最初作为"反信念"的东西随着时间的推移会变成"信念"，直到一个新的"反信念"破坏了它。请记住，柏拉图和阿奎那曾一度是革命者，尽管他们最终成为绝对的传统主义者。

追随喜乐

以一种相关的方式，巴特还描述了一种分析的快乐主义，根据这种快乐主义，人们可以通过文本中的欲望、放纵和愉悦（甚至是罪恶的愉悦）的元素来评估文本，即使是最枯燥、最抽象的哲学文本。文本中与人们的快乐和欲望相关的一些内容，也能够揭示人们的重要品质，这是一个激进的观点，但也为其他一些文学批评家所认同。相较而言，人们在阅读和理解传统文本时，感受到的是一种普通与保守的"愉悦"（plaisir）。其他一些文本则产生了巴特所说的"原乐"［jouissance，借鉴了法国精神分析思想家雅克·拉康（Jacques Lacan）的作品］——一种革命性的喜乐或狂热的愉快。

　　例如，当维特根斯坦声称，通过他对日常语言的洞见，他能够向哲学家们展示如何走出他们的"捕蝇瓶"（《哲学研究》，§ 309），而在阅读这个文本时，人们可能会感到自由的喜悦。休谟在摆脱了怀疑主义的绝望而感到喜悦时（《人性论》，1.4.7），或者以极大的热情将诸多神学和形而上学内容投入"火焰"时（《人类理解研究》，12.34），也可以很明确地感受到"原乐"。或许，"原乐"还可以在笛卡尔那里找到，当他蜷缩在舒适的炉火前，想要在《第一哲学沉思集》的开篇"摧毁"或"推翻"（evertenda）所有之前的哲学和科学时。在柏拉图抓住神圣之美时爆发的情欲中［《会饮篇》（*Symposium*），211d］，一个人也可以感受到"原乐"。同样，在苏格拉底引诱年轻的斐德罗时（《斐德罗篇》，228e - 241d），或者击败诸如色拉叙马霍斯的对手时（《理想国》，Bk 2），亦是如此。

　　或许最重要的是，根据巴特的说法，当读者进入这种"原乐"时，某种自我消解了，开辟了我们自己与这个世界的新的栖居方式。与让人安心的愉悦相反，巴特在讨论文本中的这种变革性的"原乐"时写道，正是"文本强加了一种失落的状态，文本令人不安……扰乱了读者的历史、文化、心理假设，破坏了他的品位、价值观、记忆的一致性，给他与语言的关系带来了危机"。哪里有文本带来的喜乐，哪里就有一些重要的事情正在发生。

同时参见：

2.3　辩证法

3.5*　福柯对权力的批判

4. 2*   哥德尔和不完全性定理

推荐读物:

Roland Barthes (1972). *The Pleasure of the Text*.

Graham Allen (2004). *Roland Barthes*.

★ Herman Rapaport (2011). *The Literary Theory Toolkit*.

3.15   错误论

人类总是固执地坚持着自己钟爱的信念,有时即便面对逻辑推理的批判,也不肯轻言放弃。假如他人突然在我们面前提出一个新的观点,我们很少会被说服;而他们若要以自己的立场直接摧毁我们的观点,似乎也难以成功。第三种方法通常更为有效:告诉我们,我们的理论中虽然有一些错误,但这些错误是可以理解的,而且有助于我们理解事物的本质。这样的理论,便是"错误论"(error theory)。

修正的诉求

对哲学论证来说,错误论是一个非常有用的工具,因为在任何争论中,举证责任都往往落在那些反对常识或公认的或专业的意见的人身上。假如有一个理论已经存在很长时间了,而且能够很好地解释我们的经验生活,我们就要谨慎地对待反对它的意见(2.1)。若是我们的信念被瞬间推翻了,我们就会开始变得多疑,不知道自己该持何种立场。这种反应不足为奇,因为随着新的观点的证据不断增多，我们就面临着一个不同的问题：假如新的理论如此充分、如此确凿、如此清晰，那么我们曾经这样坚信旧的信念，岂不是像个傻子一样吗？

我们可以把这个挑战总结为一个宽泛的原则：新的观点越具有说服力，我们持有旧的信念的理由就需要解释得越清楚。

"平的地球"例证

比如，我们要证明地球是圆的，我们就要能够解释清楚，为何我们曾经会相信地球是平的。换言之，假如我们要说服对手相信地球是圆的，我们就要先说明他们的假设也看似有理，而后再提出自己的观点，进而解释地球的真正形状为何曾经会被人们忽视。宇航员或许认为，证据就是星球运转的轨道，或月球上印出的地球的影子，但人们通常更希望看到更简单直接的证据，而无须依赖太多的技术手段。我们日常生活中的经验告诉我们，地球更有可能是平的。虽然早些年的航海者声称他们环绕了地球，但这些话通常被视为谣言。因此，就有人指出，由于地球的弧度太过于平缓，故而我们平常走路便无法觉察到。可见，错误论说明，"地球是平的"在某种程度上也是合理的，人们之前选择这个解释是有充分理由的。

看似有理，却不可靠

因此，我们要在同一语境内，分别找到支持旧的观点和新的观点的证据。这样，即便"地球是圆的"与之前的错误论（地球是平的）并不相容，前者同样可以是一个有效、可靠的理论。但实际上，错误论看似有理，却不可靠。通过分析旧的观点的证据和理由，而后再将新的理论介绍给他人，我们也就更容易说服他们接受新的理论。

错误论将成为我们哲学工具箱中的一个重要工具，它也有助于我们满足"拯救现象"的要求。我们的哲学不能违背我们的主观经验（现象），因此我们即便持有不同的观点，也要解释清楚那些现象存在的理由。这就有助于哲学家们避免两种指责：他们的理论不考虑实践或现实世界，不考虑自己的对手。

同时参见：

1.8　反驳

2.1　溯因推理

3.23　宽容原则

3.28　拯救现象

推荐读物：

★ J. L. Mackie (1977). *Ethics：Inventing Right and Wrong*.

G. Hon (1995). Going wrong：to make a mistake, to fall into an error. *Review of Metaphysics* 49 (1)：3 – 21.

Stephen Finlay (2008). The error in error theory. *Australian Journal of Philosophy* 86 (3)：347 – 369.

3.16　虚假二分法

这种论证方式通常出现在基督教福音派文学和讲座中：拿撒勒

的耶稣（Jesus of Nazareth）声称，他既是救世主（Messiah），亦
是上帝之子（Son of God）；那么，他要么在讲事实，要么在说谎
话。既然没有证据说明他在说谎，那么我们就应该相信他在讲事
实。你若这样想，那好吧，祷告会上见。

　　然而，这个论证并不成立，因为它基于"虚假二分法"（false
dichotomy）。二分法是指：我们要区分出"非此/即彼"的两种观
点。而虚假二分法则是指：我们已经采用了二分法，但"非此/即
彼"的选择却不适用于我们正在讨论的问题。

　　就上述例子而言，除了（1）耶稣说谎话和（2）耶稣讲事实，
其实还存在很多其他可能性。比如，他有可能（3）疯了。其实，
该论证的很多版本都给出了这三个选项（三分法？），但得出了相同
的结论，因为同样没有证据证明耶稣疯了。

　　但是，还有很多可能性：（4）耶稣很诚实，但犯了个错误；
（5）福音书中没有准确地记载他的原话；（6）他说的"救世主"或
"上帝之子"（《马可福音》，8：29-31），并不是我们想象中的那种
意思。当然，还有许多其他可能性。可见，上文的论证是无效的，
因为它把我们的选择局限在两者之间，但事实上却有许多合理的可
能性未能包括进来。

例子：奥斯丁和感觉

　　与哲学相比，虚假二分法在日常语言中更为常见。因为非此/
即彼是一种典型的修辞手法，它的目的在于说服他人，而非构建一
个有效论证。但是，它在哲学中偶尔也会突然冒出来。

　　其中有个例子涉及"知觉"（perception）。我们经常能够发现，

当我们感知一个对象时，它显现出来的样子与它实际的样子并不相符。例如，一根笔直的木棍在水中看上去是弯的。虽然木棍是直的，但它看上去是弯的，因而我们感知的对象便不是木棍本身。换言之，根据经验观察，我们能够得出结论：我们直接感知的不是物质事物，而仅仅是内在的"知觉"或"感觉予料"（sense data[①]，或译"感觉材料"）。

这个论证的具体细节要比上述内容复杂得多，我们只需注意其中的一个关键问题：它也运用了二分法。该二分法（暗含地，并非明确地）指出，物质事物要么以自身的样子被我们直接感知，要么就没有被我们直接感知。正是基于这种二分法，我们才能从"直的木棍看上去是弯的"经验，推论出我们直接感知的对象不是木棍本身。

这便是一种虚假二分法（虽然仍有争议）。我们为何要在这两种非此/即彼的可能性之间进行选择呢？我们为何不是直接感知到物质事物，但感知有误呢？话说回来，"直接感知"到底是什么意思？这种区分又有什么意义呢？诸如此类的问题皆说明，我们不能轻易地接受这个论证所依赖的二分法，或许经过仔细审视，它就像"耶稣要么在说谎话，要么在讲真话"一样，能够被瞬间瓦解。

同时参见：

3.2　替代性解释

3.4　二值律和排中律

3.19　两难困境

----

① data 是拉丁文 datum 的复数，意思是"被给予的"。"sense data"的字面意思是"感官中被直接给予的东西"，因而常被译为"感觉予料"。

推荐读物：

J. L. Austin（1962）. *Sense and Sensibilia*.

Jeff Jordan（1994）. The many gods objection. In：*Gambling on God：Essays on Pascal's Wager*.

3.17 虚假原因

约书亚每次感冒，都会喝一种由药草、姜汁和柑橘混合而成的液体。过了几天，他会感觉好了许多。显然，这种液体治愈了他的感冒。

假如以上正是你的推理，你就犯了一种非形式谬误，即"虚假原因"（false cause）。像许多谬误一样，它也有一个拉丁文名字：non causa pro causa（或译"因果谬误""乱赋因果"）。"原因"在科学推理过程中非常关键，在哲学中亦是如此。例如，在心脑关系的研究里，"原因"就随处可见。同样，自由意志、物质运动（如亚里士多德的"第一推动者"理论）、历史规律等问题，都要涉及原因。因此，了解因果推理出现错误的一些方式，就有助于在哲学的诸多领域取得进展。

事实证明，因果推理出现错误的方式有很多种，以下就是 non causa pro causa 的一部分分支：

1. 后此故因此（post hoc ergo propter hoc，"发生在此事之后，就误认为此事为因"）。这个谬误有时简称为"后此谬误"（post hoc fallacy）。前文提到的约书亚正是这个谬误的一个例子。虽然他喝了液体之后身体开始逐渐好转，但这并不能说明液体是身体好转的

原因。的确，原因都发生在结果之前，但并非结果之前发生的所有
事件都是原因。例如，每年帝王蝶南迁之后不久，天气就开始逐渐
转凉，冬天也就来临了。但这并不说明帝王蝶南迁是冬天来临的原
因。同样，喝过液体之后，约书亚的身体开始好转，其实是因为：
几乎每个人得了感冒之后，过几天都会有所好转。

2. 与此故因此（cum hoc ergo propter hoc，"伴随此事，就误
认为此事为因"）。这个谬误有时简称为"相关证明因果"（cum hoc
fallacy）。假如彩色电视机在美国畅销的时候，谋杀犯罪率开始飙
升；这并不意味着，彩色电视机是谋杀率升高的原因，只不过这两
个事件同时发生而已。不能因为 X 与 Y 同时存在，就认为 X 是 Y
的原因。

3. 忽略共因谬误（ignoring a common cause fallacy）。具体来
说，有些事件会发生在其他事件之后，或者与其他事件同时发生，
而这是因为它们共有一个相同的原因。漏掉这个共有的原因，就属
于此类谬误。例如，有研究表明，离婚的人比那些仍在婚姻中的人
更加不快乐。但这并不意味着，离婚是不快乐的原因。更准确的说
法是，不幸的婚姻是离婚的原因，同时也是不快乐的原因。用抽象
术语表述的话，就是：X 与 Y 同时发生，并不意味着 X 是 Y 的原
因。或许还有其他事物 Z，Z 既是 X 的原因，也是 Y 的原因。正如
"后此谬误"与"相关证明因果"谬误一样，我们需要牢记，相关
性不必然推出因果性。

4. 单因谬误（oversimplified cause）。有时，引发现象的原因
并不是单一的，而是一系列"复合原因"。将结果归因于单独或过
少的原因，就会导致令人难以容忍的误解。这就是单因谬误。少儿
肥胖症发病率的升高，很有可能由多个不同的原因造成，甚至包括

电子游戏的普及。但不能因此就认为，电子游戏是少儿肥胖症发病率升高的唯一原因。除此之外，饮食结构的变化、食品价格、缺乏锻炼、少儿的时间安排不当等因素，同样能够起到相同的作用。

一些形而上学问题

深入研究这些谬误，就会引发一些更加棘手的形而上学问题。比如，我们说一事物是另一事物的原因，这到底是什么意思呢？有些思想家（如理性主义者笛卡尔、斯宾诺莎、萨缪尔·克拉克、莱布尼茨等）认为，原因会按照符合逻辑的方式推出结果。或者说，因果序列就是理念或多个理念的展开过程（unfolding）。大卫·休谟等其他思想家则认为，我们在谈论因果关系时的意思是：原因和结果有着时空上的一致性，原因出现之后，结果通常就会出现。对休谟而言，因果只有时空上的连续性，它们之间的某种相关性是我们归因因果关系的唯一依据。康德认为，我们不能把因果关系归因于事物本身存在的样子；但我们所经历的事件或它们在我们看来的表象，必须用因果关系来理解。

假若认为原因和结果之间有着客观存在的联系（逻辑的或其他方式的），那么这个立场就可被称为"因果实在论"（causal realism）；显然，否定因果之间存有客观联系的立场则被称为"因果反实在论"（causal anti-realism）。[拒绝在这两种观点之间进行选择的立场，则是"因果怀疑论"（causal sceptics）。]

另一个形而上学问题是，事件的发生能否毫无起因。例如，理论物理学家就在怀疑，某些微小粒子的高速运动或许就不能用标准的因果关系来解释；同样，黑洞的研究以及"虚拟"粒子的突然显现和消逝，似乎也都会造成人们对因果关系的质疑。还有，宗教哲学家也想知道，假若上帝是世界产生的终极原因，那么上帝是否还受制于因果律。

同时参见：

1.3　归纳

2.2　假说-演绎法

3.12　反例

3.18　起源谬误

推荐读物：

Ernest Sosa and Michael Tooley（eds）(1993). *Causation.*

★ S. Morris Engel (1999). *With Good Reason：An Introduction to Informal Fallacies.*

Judea Pearl（2000）. *Causality：Models，Reasoning，and Inference.*

★ Robert J. Gula (2007). *Nonsense：How We Abuse Logic in our Everyday Language.*

3.18　起源谬误

某天早晨，我在赶火车的途中瞥见了街头小报（我们就叫它《月亮报》）上的一个耸人听闻的标题："昆汀·克里斯死了！"我相信这个报道是真的，随后发生的事件也证明了这一点。

此后，我把这个消息告诉了一个朋友，她问我最初是如何知道的，我如实回答："我是从《月亮报》上读到的。"她对此嗤之以鼻，说道："我给你讲，你可不能相信那个报纸上的报道。"

来源对证实

我朋友的想法大致可被表述为：（1）你的信念源于《月亮报》；（2）《月亮报》不是可靠的信念来源；（3）因此，你的信念无法被证成，很可能是错误的。她的推理看似可靠，但根据莫里斯·R. 科恩（Morris R. Cohen）和欧内斯特·内格尔（Ernest Negel）的观点，这正是"起源谬误"（genetic fallacy）的一个例证。"起源谬误"混淆了信念的来源与它的证成，并将有问题的来源视为驳回它的充分理由。换言之，某个信念的来源或许并不可靠，但这个信念仍然可能是正确的，该信念仍然可以凭借其他理由而得以证成。（但是，如果我的确把"《月亮报》报道过它"视为唯一的证据，我就会陷入麻烦之中。）

就此例而言，《月亮报》上的报道虽然一般都不可靠，但我却可以通过其他更可靠的渠道（比如，BBC 再次报道了这个新闻），证明这个信念是真实的。或者说，《月亮报》上的报道虽然一般都不可靠，但这个新闻并没有错。

可见，这个问题的关键在于：信念的来源不可靠，这本身并不足以说明该信念无法被证实，也不足以得出这个信念是错误的结论。〔在这一点上，该谬误与"诉诸人身攻击"（argumentum ad hominem）的谬误类似。后者是指，因为提出观点的人不可信，我们就认为他的观点是错误的。但是，正如不可靠的报纸会报道正确的新闻一样，不可靠或邪恶的人也有可能做出对的判断。〕证实一个信念的方式有多种：通过经验证明、通过权威认同、通过演绎推理等，而信念的来源与这些证实方式几乎没有什么关系。毫无疑问，信念的来源并非完全无效，比如在我们除了来源之外，对其他信念都一无所知的时候。但是，来源和确证之间并没有必然的联系，因而我们不能仅从信念的来源来推断信念本身是否可信。有时，不可靠的来源会提供真的命题；有时，瞎猫也会碰到死耗子。

普遍应用

当我们用事物的来源来证明事物的本质时，通常就会出现这样的谬误。因此，在对这种谬误更广泛的应用中，人们不仅会考量信念的真实性，还会思考一般事物所具有的属性。例如，假若某人的父母都是小偷，这也不能证明他/她是小偷，或将成为小偷。假如某人最初的政治倾向是激进派，这也不能证明他多年后仍是激进派。

进化心理学的例证

在分析进化心理学的许多命题时，这个工具都会显得尤为有用。进化心理学家们在解释人们如何产生道德情感的领域取得了越来越多的进展。他们主要试图揭示：学会彼此合作、善待他者的人，要比那些消极的"鸽子"或激进的"老鹰"生活得更加幸福。他们还认为，性别之间的典型差异可以用进化论的术语解释清楚：假如一个男人更喜欢承担风险、有保护欲、追求权力、和多个异性发生关系，他的基因就有更高的概率得以延续；假如一个女人更忠诚、更谨慎、有母性、外表有吸引力，她的基因就有更高的概率得以延续。

此类说法可能正确，也可能不正确。但有太多进化心理学的批评者犯了一种基因谬误，他们把这些关于人类本性和社会某些特征起源的描述，直接当作当下人类状况的真实写照。例如，他们认为，道德价值的基础是通过自然选择而形成的，因此伦理学不过是为了基因的延续。但是，假如这个观点是真的，我们就不得不承认伦理学的实质取决于伦理学的起源。显然，这样的理解是错误的：因为伦理学的起源不同于它存在的理由，道德属性的起源不同于它们在今天的价值，而且在道德产生至今的这段历史里，很多外在因素也很有可能已然影响或改变了道德价值。

同样，有人相信，既然基因或进化论的解释能够说明男性和女性的不同行为，那么这就证明了男性和女性的行为可以遵循不同的标准。比如，男性拈花惹草可以原谅，而女性这样做则会受到人们的鄙视。但是，行为举止的起源为何能够证明它们是合理的呢？这样的论证最多不过是有缺陷的论证。

警告

但我们要注意，事物、命题或信念的起源，并非与它们现在的特性毫无关系。有时，事物或信念的起源是有说服力的，它可能为一些归纳推理提供依据。只不过，我们若要利用事物的起源，就不得不充分地说明这样做的理由。例如，笛卡尔认为，我们的认知能力源于上帝的创造，因此它们是可靠的；而在之后的论证中，他又解释了他为何要追溯认知能力的起源。

历史中的用法

尽管诉诸起源去判断各种主张或事物，可能造成许多潜在的逻

辑或取证问题，但尼采却在其富有影响力的著作《道德的谱系》
(*The Genealogy of Morals*，1887) 中欣然接受了这个方法，并用
于批判基督教-柏拉图主义的道德观。他继承并修正了法国后结构
主义哲学家米歇尔·福柯 (Michel Foucault，1926—1984) 的方
法，后者曾批判性地审视了许多概念（如知识、惩罚、疯癫和性欲
等）的起源与发展。很多人也认为，这些思想家诉诸起源的做法是
有说服力和合理的。

要点

总之，起源谬误主要指证实过程中的错误步骤。但正如我们所
见，它的应用要广泛得多。无论何时，假如我们把某事物（无论是
信念抑或其他事物）的起源与它的证实过程混淆在一起，假如我们
根据某事物的起源来判断它将来的本质或属性，那么我们就犯了起
源谬误。

同时参见：

1.1　论证、前提和结论

3.20　是/应该的区分

1.12*　本质/偶性

推荐读物：

Morris R. Cohen and Ernest Nagel (1934). *Logic and Scientific Method.*

★ Douglas N. Walton (1989). *Informal Logic：A Handbook for Critical Argumentation.*

★ Douglas N. Walton (2009). *Ad Hominem Arguments.*

3.19　两难困境

我们经常听到人们说，运用基因改变生物特性的科学实践是错误的，因为这样的行为"干预了自然本性"。但很多人都不相信这个论点，出于以下理由：

1. 一方面，假如批判者的意思是，所有干预自然本性的行为都是错误的，那么，他们同样要反对养殖、治疗感冒，抑或用木头建筑小屋。就此而言，人们时时刻刻都在"干预自然本性"。因此，他们的原则明显有误。

2. 另一方面，假如批判者的意思是，只有部分干预自然本性的行为是错误的，那么，他们只是反对某些特定的干预行为，而不认为"干预自然本性"是错误的。因此，他们的原则与批判并不一致。

3. 那么，他们的原则要么有误，要么与批判不一致。

这是一个非常有说服力的论证策略，即"两难困境"（horned dilemma）。

定义

假如一个观点可被理解为多种意思，而其中任何一种都不能令人满意，这就被称作"两难困境"。换句话说，你"做也是死，不做也是死"。就前述例子而言，批判科学实践的人，要么承认他们信奉的原则导致了荒谬的结果（就连砍木头都是错误的），要么承认他们没有准确地说出批判的理由。无论是何种情况，他们都要修正自己的观点。

这个困境有两种更为普遍的表述方式：

建构性的困境：

1. "如果 X，那么 Y"且"如果 W，那么 Z"。

2. X 或 W。

3. 因此，Y 或 Z。

解构性的困境：

1. "如果 X，那么 Y"且"如果 W，那么 Z"。

2. 非 Y 或非 Z。

3. 因此，非 X 或非 W。

然而，两难困境并非仅局限于两个选项。随着选项数量的增多，这个困境也可以相应地改名为"三难困境"或"四难困境"（照此类推）；等等。

密尔的例子

在哲学史上，有一个很好的两难困境的例子。约翰·斯图尔特·密尔在《功利主义》（*Utilitarianism*，1863）一书中指出，道德的目的是减少痛苦、增加快乐。进而，他区分了高级快乐和低级快乐。高级快乐源于心灵、智力和美学体验等，低级快乐则是源于肉体的快乐，比如吃和性。密尔认为，高级快乐优于低级快乐，因此追求高级快乐的生活比追求低级快乐的生活更好，无论低级快乐多么强烈。

　　于是，密尔就面临如下两难困境：为何高级快乐优于低级快乐？假如理由是高级快乐更令人感到愉悦，这个理由显然有误，因为许多人似乎都从低级快乐那里找到了更多的快乐；假如出于其他理由（比如，它们能够培育自我），密尔的意思似乎就是，还有其他事情（比如，自我培育）比快乐重要得多，而这又违背了他的原则——快乐是终极的善。

　　换言之，有两个选项呈现在密尔面前：（1）他的解释难以令人信服；（2）他需要进一步修正终极善理论。这便是一个典型的两难困境。就此而言，密尔选择了前者，并辩解说，高级快乐之所以具有优先性，原因在于经历过两种快乐的人通常都更愿意选择高级快乐。那么，密尔的这种回答能否将他从两难困境中解救出来，就由读者来决定吧。

防守策略

　　当你面对两难困境的指责时，你可以采用以下防守策略：

　　　抓住一端：你可以攻击困境中的一种情况，并证明它是错误的。（密尔正是这样做的，他指出高级快乐优于低级快乐的原因，并不是前者更令人愉悦。）

　　　突破困境：你可以指出除了困境提供的选项之外，还有其他可能性。比如，假如有人说，我们要么去参加战争，要么面临着死亡的威胁。那么，我们就可以指出两个选项都是错误的，因为还存在其他原则。

　　两难困境虽然是一种否定性的表述，但在雕琢或改进哲学理论的过程中，它同样能够发挥重要的作用。使用得当的话，两难困境可以提出一些至关重要的选项，甚至触及理论的根基。两难困境会迫使哲学家们为模糊的理论增补一些关键的细节，或者让他们意识到看似硕果累累的理论，其实终将失败。两难困境就像一头邪恶的野兽，却能极大地促进哲学的发展。

同时参见：

1.6　一致性

3.16　虚假二分法

3.25　归谬

推荐读物：

John Stuart Mill (1863). *Utilitarianism*.

Douglas Walton，Christopher Reed，and Fabrizio Macagno (2008). *Argumentation Schemes*.

3.20　是/应该的区分

有时，孩子们认为从玩伴那里偷玩具，远比自己存钱购买快得多、简单得多。在被告知不应该这样做时，他们通常会问：为什么不能呢？这个问题的完美答案是"因为偷窃是错误的"，但这却往往不能令他们满意。在诉诸惩罚威胁之前，家长们也许可以说得更详细些："你拿走吉米的东西，吉米就会难过啊。"但是，假如这仍然不能令 5 岁大的小孩满意，或许也就难以令一位逻辑学家或伦理学家满意。"你不应该偷吉米的玩具"的命题，并不能从"吉米的玩具被偷，他就会难过"的经验观察中得出。后者是一个事实陈述，但前者却是一个道德判断。

逻辑学的观点

假如你要构建一个逻辑论证，并把"吉米的玩具被偷，他就会难过"视为你的第一个（或唯一的）前提，那么你并不能通过推理得出结论："因此，偷吉米的玩具是错误的。"假若要让这个推理有效，那么你还需要增添第二个前提："偷玩具是错误的"或者"让吉米难过是错误的"。无论如何，你都需要在第一个前提之外增加一个道德判断。第二个前提的必要性也就说明了：我们不能从"是"推出"应该"，或者不能从事实推出价值。

元伦理学的观点

就纯粹的逻辑推理而言，上述内容皆是正确的。因此，逻辑学中的是/应该的区分，也就说明了伦理学是"自治的"（autonomous①，或译"自主的""自律"）。但是，有些哲学家却进而推出了一个实质性的结论：道德事实与世界上的其他事实并不相同，因而具有特殊性。英国哲学家乔治·爱德华·摩尔（George Edward Moore，1873—1958）认为，把"善"视为自然属性的人是"自然主义者"，他们犯了"自然主义谬误"。还有些人认为，我们无须借助人的主观状态（信念或感觉等），就可以理解"善"和"恶"等道德属性，而这样的人则被称为"道德实在论者"（moral realists）。

---

①　这里强调伦理学命题在逻辑学中自成体系（前提中没有"应该"，就无法推出包含"应该"的结论），因此译为"自治"。在康德那里，该词一般被译为"自律"。

　　"反实在论者""道德怀疑主义者"或"主观主义者"涉及这个区分的观点通常都源于休谟《人性论》中的一个章节。他曾说，道德主义者观察人类日常事件的时候，"是照平常的推理方式进行的"，"可是突然之间，我却大吃一惊地发现，我所遇到的不再是命题中通常的'是'与'不是'等联系词，而是没有一个命题不是由一个'应该'或一个'不应该'联系起来的"，"因为这个应该或不应该既然表示一种新的关系或肯定，所以就必须加以论述和说明；同时对于这种似乎完全不可思议的事情，即这个新关系如何能由完全不同的另外一些关系推出来的，也应当举出理由加以说明"①（《人性论》，3.1.1.27）。有人认为，"是"与"应该"的区分，证明了世界中有伦理事件与事实事件的区分，所以这个观点有时被称为"休谟的断头台"（Hume's guillotine）。

　　虽然"是"与"应该"在逻辑上的区分是可靠的，但仍有批评者指出，它们在实践中往往会纠缠在一起。"专家""杀人犯"，甚至"哲学家"等许多概念，似乎既表达了事实亦表达了价值。例如，"哲学家"并不是一个价值中立的描述，而是说某人具有了足够的相关技术和知识，他配得上这个称号。逻辑学中清晰可辨的区分，日常语言又会再次搅浑。因此，"是"与"应该"在逻辑上的区分，或许还不如休谟等人的思想对哲学话题的影响深远。

回到逻辑学

　　假若前提中没有包含"应该"，就无法推出包含"应该"的结

---

　　①　译文参见休谟：《人性论》下册，关文运译，商务印书馆 1980 年版，第 509－510 页。

论。这个陈述不属于元伦理学，而仅仅是一个纯粹的逻辑学观点。并且，它不能证明伦理学命题的特殊性。因为该陈述可以适用于所有概念，而非仅适用于伦理学概念。例如，假若前提中没有包含"葡萄"，就无法推出包含"葡萄"的结论；而这也不能说明涉及"葡萄"的事实与其他事实之间有着根本的差异。"是"与"应该"的区分，只不过能说明伦理学在逻辑上是"自治的"，但这种特性同样适用于很多其他领域。因此，元伦理学的命题需要更多的理由来支撑。

同时参见：

1.4　有效性和可靠性

1.25*　厚的概念/薄的概念

推荐读物：

David Hume （1740）. *A Treatise of Human Nature*，Bk 3, Pt 1, §1.

G. E. Moore （1903）. *Principia Ethica*.

W. D. Hudson （ed.）（1972）. *The Is/Ought Question*.

Hilary Putnam （2004）. *The Collapse of the Fact/Value Distinction and Other Essays*.

3. 21　蒙面人谬误

穆罕默德，一个哲学系的学生，刚刚听了一场关于莱布尼茨的同一律的讲座。按照他的理解，同一律是指：X 和 Y 是同一的，当且仅当 X 是真的时候，Y 也是真的。

那天晚上，他去参加一个蒙面舞会，他知道自己的朋友汤米也会在场。他看见一个蒙面人，正想搞清楚这个人是否就是汤米时，他突然想起了莱布尼茨的同一律。于是，他立马得出结论：这个人不是汤米。这是为什么呢？他的理由是："假如蒙面人和汤米是同一的，那么对汤米而言是真的事情，对蒙面人而言也是真的。我认识汤米是谁，但我不认识蒙面人是谁。于是，对汤米而言是真的事情，对蒙面人而言不是真的。因此，他们两者不是同一的。"此时，蒙面人摘下面具，他正是汤米。哪里出错了？

穆罕默德将莱布尼茨的同一律视作："X 和 Y 是同一的，当且仅当 X 是真的时候，Y 也是真的。"这样做虽然便捷，但却是一种误解。这个法则更合适的表述是："X 和 Y 是同一的，当且仅当 X 和 Y 的所有属性都是相同的。"

按照这个更精准的版本，穆罕默德的谬误可被理解为：假如汤米和蒙面人并不同一，蒙面人就不具有汤米的一种属性，即"被认识性"——穆罕默德认识汤米是谁，却不认识蒙面人是谁。

"被认识"的属性

但是，"被认识"真的能算作事物的一种属性吗？假如是，它也是一种奇怪的属性。换言之，它意味着，某人不做任何改变就可以多得一种属性，只要他去让一个陌生人认识他即可。或者像戴安娜·斯宾塞（Diana Spencer，戴安娜王妃）那样突然出名的人，难道她一夜之间就获得了许许多多属性吗？

因此，一个更有说服力的观点就是："被认识""被思考""被相信"等不能算作事物的属性。于是，"被穆罕默德认识"便不是汤米的一种属性，汤米和蒙面人也就具有相同的属性。〔然而，某人若试图坚称"被认识"是事物的一种属性，他就可以指责穆罕默德犯了一词多义谬误。这就是说，你可以证明，穆罕默德使用的"认识"一词，在以下两个句子中的含义并不相同：（1）"我认识汤米是谁"；（2）"我不认识蒙面人是谁"。换言之，你可以表明：汤米具有面对面被穆罕默德认识的属性，但并不具有戴上面具后被穆罕默德认识的属性。]

　　总之，蒙面人谬误阐明了，我们为何不应将"被认识""被思考""被相信"甚至"被感知"，视作认识对象的属性。而这也就引发了一系列关于属性到底是什么的讨论。

笛卡尔的例子

　　笛卡尔的论证中有一个著名的蒙面人谬误的例子。通过运用莱布尼茨的同一律，他得到了心灵与肉体是不同实体的结论。他认为存在着两种属性。第一种是物质属性：它存在于时空中；它具有形状、大小；它是可分的。第二种是心灵属性：它并不存在于空间里；你不能触碰它，或者测量它的长度；它没有形状、大小（问一个思想的重量是多么荒谬啊！）；它是不可分的（你不能把心灵切下一小片，并把它放在抽屉里）。因此，笛卡尔推论出，既然心灵与物质显然是不同的属性，那么它们便不是相同的事物。因此，心灵与物质必然是两种不同的实体。（这即是所谓的心物二元论。）

　　有人便用蒙面人谬误去否定这个论证。该谬误表明，我们对某事物的认识、思考或信念，未必对应于该事物的真实属性。无疑，心灵似乎（对我们而言）没有形状、大小，但这就能说明它真的没有这样的属性吗？心灵是否类似于蒙面人：当我们从某个特定视角观察它时，就无法看清它的真实属性？我们的身体属性（比如大脑）是否也属于心灵？其实，斯宾诺莎正是按照这个逻辑，对笛卡尔进行了批判。

可以说，心物二元论者并不需要说明人们具有身体属性，或者具有心灵属性。他们需要做的是，证明心灵与身体之间的区分真实存在；或者说，他们需要说明心灵与身体之所以有区别，并不是因为我们理解两者的方式不同，也不是因为我们误解了"心灵"概念。当然，这些证明也有可能是批判者的责任。这就是说，批判者若要批判心物二元论，就要证明心灵与身体的区分是虚假的，即它们"戴着面具"。

或许，这些问题的答案要取决于我们如何看待大脑：我们把它视作客观的器官，抑或主观的思想和情感。

同时参见：

1.15*　心灵/身体

1.26*　类型/个例

2.7*　莱布尼茨的同一律

推荐读物：

René Descartes（1641）. *Meditations on First Philosophy*, Meditation 6.

Benedictus Spinoza（1663）. *Principles of Descartes's Philosophy*.

Gottfried Wilhelm von Leibniz（1686）. *Discourse on Metaphysics*.

★ Michael Loux（2006）. *Metaphysics：A Contemporary Introduction*, Ch. 3.

3.22　同样有罪

康德曾经写到，我们始终要把他人视为"目的"（ends），而不仅仅是"手段"（means）。许多人都赞同这一点，并且在论证中引用该原则去反驳对手。但这样做，他们就有可能面临"同样有罪"（partners in guilt）的批判。要了解其原因，我们可以先来考虑以下这个简单的哲学争论。

道义论者认为，行为的对错与行为导致的后果毫无关系；而后果论者则认为，恰恰是行为的后果决定了行为的对错。后果论者常常会遭受很多批评，因为他们的原则可以容忍许多难以接受的恶行。例如，无论出于什么诡异的理由，假如必须杀害 1 个无辜的人才能拯救 10 个无辜的人，那么，杀人行为可以接受吗？杀人的后果是 1 个无辜的人死亡，而不杀人的后果则是 10 个无辜的人死亡，故而许多后果论者都认为，道德意义上的正确行为就是杀害 1 个无辜的人。

于是，道义论者就指出，这种谋杀违背了康德的原则：我们为了更大的善而去杀害 1 个无辜的人，这意味着我们没有尊重他的生命，把他视为一个手段，而非目的。

然而，后果论者或许可以用相同的逻辑批判道义论者。假如我们拒绝杀害 1 个无辜的人，我们岂不是把 10 个无辜之人的生命视为手段而非目的了吗？换言之，我们没有尊重他们生命的内在价值，而把他们视为维护道德原则的手段。康德的律令难道不是要求我们平等地对待所有人，尊重每个人的生命价值，而后再考虑怎样做更好吗？

工具的优势与劣势

面对批判时，后果论者进行防守反击的举措可被称为"同样有罪"。这就是说，他们试图指出，攻击者所使用的批判方式同样可被用于批判攻击者，因而攻击者的批判就会缺乏说服力："如果你的批判有效，那么我们双方都是错的。"使用得当的话，它显然是应对批判的一个强有力的工具。

然而，这个工具会带来一定的风险。通过反击批判者，你或许能说明他们的批判是空洞的，但这同样意味着你自己的理论也是空洞的。假如批判有效，那么没有人是对的，争论的双方都犯有错误。换言之，这不能说明你是对的，反而只说明了你的批判者和你都是错的。黑锅说黑壶是黑的，纵使黑锅也是黑的，这仍不意味着黑壶不是黑的。通过指责批判者犯了同样的错误就认为批判无效，其实是一个谬误，逻辑学家甚至给它起了一个名字，叫作"你也一样"（tu quoque）。毕竟，物以类聚，人以群分。

在我们的例子中，"同样有罪"的做法是有效的，因为它动摇了批判者的立足点。换言之，后果论者试图表明，他们的观点不仅在自己的理论视角下行得通，甚至在批判者（道义论者）的理论视角下也行得通。但严格来说，这种情况实际上并不属于"同样有罪"的指责，而是转守为攻，把批判者变成被批判者。

同时参见：

1.6　一致性

3.29　自我挫败论证

推荐读物：

David Brink （1989）. *Moral Reasoning and the Foundations of Ethics.*

C. M. Korsgaard （1996）. Skepticism about practical reason. In：*Creating the Kingdom of Ends.*

★ Robert J. Gula （2007）. *Nonsense：How We Abuse Logic in Our Everyday Language.*

3.23　宽容原则

　　设想你在一个陌生的国家里艰辛跋涉，而且完全不懂这个国家的语言。这是炎热的一天，你偶然遇见了一条平静的小河，河岸树木成荫。这个时候，你决定停下来游泳，凉快一下。过了不久，有一个本地人也加入进来。她找到这条小河后，和你一样，非常开心。或许，她的快乐并非源于避暑和休息，而是源于别的理由，比如：这条河在该国被视为神圣之河，她在漫长的朝圣之旅后才到此处朝圣；她正在进行一种洗礼的仪式；她沉浸在幻想中，想象着这条河今年会为她的庄稼带来好的收成，或河水能让她的孩子幸福安康。然而，假如你仅仅看到她找到河流后的喜悦，你就很有可能误认为她的动机和你的一样。

　　此时，如果她刚刚跳进清凉的水中又立马爬了出来，似乎还在嘀嘀咕咕地说着一些脏话，那么，在通常情况下，你也不会认为这个女人讨厌的是炎热夏日中的这一抹清凉。假设，她在解释（或看似在解释），她认为这条河"S"。虽然你不懂她的语言，S 可能代表任何意思，但作为一个理性的人，你可以想象她可能想要找的是温泉，或者她原以为这里安全，但她突然看见远处岸边有一条鳄鱼，等等。以上的推理过程，都意味着你遵守了"宽容原则"（Principle of Charity）。

主要观点

"宽容原则"表明，诠释者要尽可能地寻找他人的论证与观点中的合理性，或者尽量寻找他人的论证与观点能够成立的理由。换言之，假如某个人的言谈或行为有多种合理的解释，那么，在其他条件不变的情况下，我们就应该优先选择最合乎相关语境的那种解释。这些相关语境包括：事例中的自然环境、主体的信念或信仰，抑或哲学文献的注释、尚未成定论的其他思想著作，等等。我们要尽可能地不把他人的理论视为逻辑谬误，即尽量不认为它们是偏见、成见，或前后矛盾等，除非我们有足够的证据。简单来说，"宽容原则"要求以最好的方式或至少是最合理的方式来理解他人的立场和行为。"忠诚原则"（Principle of Fidelity）是与之相关的一个原则，它要求我们尽可能准确地理解他人的观点和理论，即便这样做有可能不利于我们自己的论证。

正确运用"宽容原则"无疑让事情变得简单，但在这个事例中，我们还有其他理由不去选择更富有想象力的解释。对我们来说，有些外国的风俗习惯是令人难以置信的，在我们了解这个国家之前，我们绝不会假设这个国家的人在做一些（对我们而言）明显错误的事。比如，典型的西方人绝不相信，在一条特定的河里洗澡能够为农民的庄稼带来好的收成，无论这条河多么神圣。当然，尽管如此，农民还是可能持有这种信念，但在我们掌握农民的文化之前，我们最好把这种归因看作暂时的。同样，或许她说了一些充满偏见、成见、自相矛盾、毫无意义的话，但在理解她的话之前，我们同样要假设她说的话是有道理的，纵使今后我们发现她说的话并非如此。

总之，按照宽容原则，我们要认为他人的论证是可靠的，他人的观点是令人信服的，他人的行为是明智的、得体的，直到它们被证明并非如此。

诠释帝国主义

宽容原则要基于人们具有相似的情感或认知，因而许多人认为这个原则并不恰当。换言之，该原则意味着，所有人的基本欲望与性情都是一样的；因此，在多种文化之间似乎就存在着"最佳立场"。但是，谁能够说明哪个观点最好呢？或许，有人会争辩说，文化帝国主义者过度地利用了宽容原则，并且误解了"最佳立场"的意思。

例如，缅怀逝者的做法有许多种。假如我们闯入了一个部落，这个部落的族人们通过欢歌曼舞的方式来缅怀自己所爱的逝者。这是他们在庆祝逝者步入天堂，而非因逝者的离去而感到开心。知道这个事实之前，我们肯定缺乏足够的想象力，并认为这个部落的族人们的行为是邪恶的、令人可憎的。

避免稻草人谬误

事实上，运用宽容原则和忠诚原则，能让我们谨慎地处理道德

和政治领域的问题，但同样会导致我们犯一种逻辑错误，它被称为
"稻草人谬误"（straw man fallacy）：我们批判的不是对方的观点，
而是被曲解后的对方的观点。但是，出于策略的考量，我们最好先
假定对手的观点坚实有效。因为假如你连强势的版本都能驳倒，更
何况弱势的版本。因此，除了道德和政治的理由之外，逻辑和实践
的理由同样要求我们接受"宽容原则"这个哲学工具。

柏拉图的例子

我们在分析哲学文本时，也可以采用相同的策略。在柏拉图的
对话录《理想国》中，他谈及了"大"和"小"、"重"和"轻"等
"对立"的性质；他认为，我们在通过这些性质来把握日常世界中
的事物时，这些对立的性质可以同时存在。换言之，我们感知到的
物体有时难以描述，甚至自相矛盾（它是大的，同时是小的）。现
代哲学家通常都不认同柏拉图的观点，他们认为，柏拉图这里说的
不过是事物之间的关系。这就是说，事物并非同时具有"大"和
"小"的性质，而是说，它比某一事物更大，比另一事物更小。

批判者认为，柏拉图如果意识到这一点，就不会认为事物是自
相矛盾的，因为"比某一事物更大"与"比另一事物更小"两者之
间并无对立。有些刻薄的评论家还援引了《斐多篇》中的例子，以
证明柏拉图犯了这个错误。在该对话录中，柏拉图曾指出，一个物
体可以在不同于任何其他物体的情况下，自身便具有"相同"这种
性质。

然而，我们如果采用宽容原则，就不会像这些批判者一样。他
们竭尽全力地想要说明柏拉图的理论没有道理，而我们则要尽可能

地说明其理论的合理性。这就是说，我们要将其合理性最大化，而非最小化。依照这个原则，我们可以发现柏拉图曾在其他文献［比如《会饮篇》和《巴门尼德篇》（*Parmenides*）］中用"关系"来理解这样的概念，如"父子""兄弟""主人""奴隶"等。换言之，柏拉图虽然在谈论物体的性质时忽略了"关系"的维度，但并非完全没有注意到这个方面，即便有时他是以问题的形式表达出来的（《理想国》479a－b 和 523e－524a）。而在《理想国》的其他段落（523e－524a）中，柏拉图虽然没有把性质定义为"关系性"的，但很明确地描述了哪些性质与物体有一定的关系。而我们在说"枕头是软的"时，也无须认为，它与大理石板相比才是软的。因此，批判者有可能攻击的是柏拉图理论的假象，而非其理论本身。

作为一种经验原则，宽容原则有时会导致我们的理解有误。不过在日常语境中，它仍然站得住脚，但我们在一开始提出自己的理解与解释时，仍需一些限制。此外，它也可以避免我们在论证中偏离方向。正如奎因所言，"从某个意义上说，对话者的愚蠢不过是由于缺乏好的翻译"。

同时参见：

3.6 其他条件不变

3.14 信念/反信念

2.8* 奥卡姆剃刀

推荐读物：

Donald Davidson（1984）. *Inquiries into Truth and Interpretation*.

★ Larry Wright（2001）. *Critical Thinking：An Introduction to Analytical Reading and Reasoning*.

3. 24 乞题

人们最常引用的哲学命题或许就是笛卡尔的"我思，故我在"。乍看之下，人们都能想到这个道理，它似乎不会招致任何人的质疑。然而，也有人认为笛卡尔的论证有误，因为它犯了"乞题谬误"（beg the question，或译"乞求论点""窃取论点"）。这是怎么回事？

在某种意义上，乞题谬误意味着，论证的前提已经假定（assume）它试图证明的结论为真，或者前提已经默认了一些不应被视为理所当然的命题。一个著名的例子就是：有人根据"对小孩施暴是错误的"，来证明"拍打小孩的屁股是错误的"：

1. 对小孩施暴是错误的。
2. 假定：拍打小孩的屁股是对小孩施暴。
3. 因此，拍打小孩的屁股是错误的。

这个论证犯了乞题谬误，因为它假定了一个在某些方面非常有争议的关键内容。有人就认为，拍打小孩的屁股并非暴力的一种形式，通常是可以接受的，至少在某些情况下可以接受。那么，简单地把拍打屁股视为一种暴力，也就难以构建一个令人信服的论证，它只能说服那些已然认同这个观点的人。

笛卡尔的例子

然而，笛卡尔的论证（至少在大众的理解中）怎么就犯了乞题谬误呢？我们可以把这个论证分成两行：

　　1. 我思。

　　2. 因此，我在。

我们需要注意的是第一行，笛卡尔说的是"我思"（或许他想说的是"思想存在"），但使用了"我"，这意味着他已然在前提中假定了我的存在。因此，论证的结论（"我在"）已经被涵盖在前提之中。可见，这个论证犯了乞题谬误。

　　有趣的是，笛卡尔或许已经意识到了这一点。在他的《第一哲学沉思集》［不同于《方法谈》（*Discourse on Method*）和《哲学原理》］中，笛卡尔并没有说"我思，故我在"（I think，therefore I am），而是说"我是；我存在"（I am；I exist）。那么，这个命题就不是以论证或推理的形式出现的，而更像是一种无法辩驳的、直观的直觉。换言之，并不是说我们能从"一个人在思考"推理出"这个人存在"，而是说：假如这个人不存在，他就无法思考。总之，无论以上哪个命题，假如有人坚称"我存在"，那么该陈述就无法被证伪。

假定和蕴含

　　这样的解释不知道能否将笛卡尔从乞题谬误的指责中拯救出来，不过我们要知道，一旦论证真的犯了乞题谬误，它就必然失败了。前文中曾经提到，有效论证的前提里已经包含或蕴含或暗含了结论（参见 1.2）。这样来看，事情似乎就变得棘手了，有个问题也会自然而然地浮出来：有效的演绎推理（前提合法地包含或蕴含结论）和乞题谬误（前提不合法地假定结论）之间的区别是什么？它们两者之间的差异无法通过论证的形式来判断，正因如此，乞题谬误也就是一种"非形式谬误"（参见 1.7）。若要分析一个论证到底属于演绎推理抑或乞题谬误，我们可以问自己以下两个问题：（1）论证依赖哪些相关的、争议性的事物？（2）是否有一些相关的、争议性的事物被隐藏或伪装起来了？我们需要牢记，在证明结论的合理性时，恰当的论证只会采用容易接受或清晰明白的理由。但是，如果前提已经假定了结论，论证给出的理由就只不过是误导，它们不能证明结论。这样的论证只能说服那些已经同意结论的人！

有一点需要注意，太多的术语和概念在哲学中的用法，与它们在日常生活中的用法截然不同。在日常生活中，我们说"这样就乞求问题①了"，意思是"这样就引出了新的问题"。例如，有人认为，我们应该减少二氧化碳的排放量，以避免全球变暖；其他人则可以回应说："这样不就乞求问题了吗？假如我们没有成功地减少二氧化碳的排放量，会有什么后果呢？"这个词组的用法是否恰当，是一个可能会让语言学家和语法学家感到困扰的问题。无论他们怎么想，日常用法都不是哲学用法，它们之间有着非常明确的差别。

同时参见：

1.1　论证、前提和结论

3.7　循环论证

1.10*　蕴含/蕴涵

推荐读物：

René Descartes (1637). *The Discourse on Method*.

---

①　beg the question，和"乞题谬误"的英文用词完全一致。

L. Henderson（2019）．The problem of induction. In：*Stanford Encyclopedia of Philosophy*（ed. E. N. Zalta），Spring 2019 edn.

3.25　归谬

好莱坞青睐所谓的"高概念喜剧"（high-concept comedies）。然而，这种说法不过是一种故弄玄虚，因为"高概念"并不意味着高深难懂、富有智慧。相反，高概念喜剧总是以一个简单、滑稽的起点作为开篇，且每部影片最终都可被概括为"结局可笑至极"。例如，"一个男人假扮成女人，到前妻的家里做保姆，以便照看自己的孩子，结局可笑至极"；或者，"有人受到科幻电视剧的影响，认为外星人是真实存在的智能生命体，结局可笑至极"。

然而，从某种意义上说，高概念喜剧类似于一种哲学论证的方式，名为"归谬法"（reductio ad absurdum）。喜剧会以一个貌似合理的情景作为开篇；哲学归谬法则以批判的命题作为前提。随着事态的发展，喜剧的最终结局可笑至极；哲学归谬法则试图证明，前提经过逻辑推理得出的结论是荒谬的。喜剧意在追求娱乐；哲学归谬法则指出，假如前提推出了荒谬的结论，前提就必然是错误的。

一个强有力的工具

柏拉图是使用归谬法的大师，归谬法是柏拉图辩证法的重要组成部分。例如，在《理想国》的第 1 卷中，柏拉图的主人公苏格拉底在讨论正义问题时就运用了归谬法。与苏格拉底辩论的人指出，正义应该被定义为"偿还债务",而苏格拉底则通过将它引出的荒谬结论展示给大家,很轻松地推翻了这个观点。他说,假如你欠疯子一件武器,你知道他拿到武器后会伤害无辜之人,那么你仍然把武器还给疯子,这显然不是正义。因此,推出这个荒谬结论的原初前提(正义就是偿还债务)必然是错误的(《理想国》,331e–332a)。

这是一个强有力的哲学工具,出于论证的目的,它允许我们暂时接受对手的观点。我们可以说:"假设你是对的,那么后果是什么呢?"如果我们能表明这个后果是荒谬的,我们就可以迫使对手承认他们的观点有误:"假如你相信 X,你就必须接受 Y。由于 Y 是荒谬的,因而,你真的相信 X 吗?"

但在我们的例子中,苏格拉底没有得寸进尺。相反,他使用了宽容原则,认为他的对手在说"正义就是偿还债务"时并不是真的赞同把武器还给疯子。于是,苏格拉底换了一种解释方式,以避免引出这个荒谬的结论。这个例子很好地说明了,归谬法不但可以推翻一个命题,而且可以有效地帮助我们改善或完善一个命题。

复杂性

归谬法已经得到广泛的应用,但也并非没有缺陷。核心的问题在于:我们何时应该"咬紧牙关",容忍"荒谬的"结论,何时应该拒斥或改善命题本身?例如,苏格拉底的论证是否真的证明了正义不是偿还债务;或者与我们最初的直觉相反,正义实际上只是将武器还给敌人和疯子?就此而言,似乎除了直觉之外,我们没有其他理由去判定一个结论是否荒谬或只是令人讶异。

假如结论在逻辑上是自相矛盾的,似乎就没有这么多疑问了。

这种归谬类型被称为"诉诸对立的论证"〔proof by contradiction，或 reductio ad impossibile（归于不可能）〕。假如我们通过一系列前提推出的结论是"有个圆形的物体是正方体"，那么这就直接证明了前提有误。但是，归谬法通常无法做到这一点。将武器还给疯子在逻辑上并不自相矛盾，只是出乎意料和违反直觉而已。

　　归谬法通常并非绝对论，除非是在反证法的情形中。更准确的说法是，归谬法为我们提供了一个选择：接受结论，无论它看起来多么荒谬；抑或否定前提。这通常是个艰难的选择。

　　同时参见：

1.8　反驳

2.3　辩证法

3.23　宽容原则

4.9*　自明真理

　　推荐读物：

Euclid（c. 300 BCE）. *Elements*.

William Kneale and Martha Kneale（1962）. *The Development of Logic*.

★ Benson Mates（1972）. *Elementary Logic*.

Gilbert Ryle（1992）. Philosophical arguments. *Colloquium Papers*, Vol. 2：194 – 211.

3.26　冗余

伟大的法国数学家和天文学家皮埃尔-西蒙·拉普拉斯（Pierre-Simon Laplace，1749—1827）利用牛顿力学，在天体运动方面做出了一些开创性的工作。据不太可信的传说所言，拉普拉斯将自己的成果展示给拿破仑时，拿破仑问："上帝在哪里啊？"拉普拉斯答："我不需要这样的前提假设。"

拉普拉斯的回答便是"冗余"（redundancy）的一个鲜明例证。他在研究天体运动的过程中之所以不需要上帝，并不是因为他已经证明上帝不存在，也不是因为他不认同上帝的能力，而仅仅是因为他的理论体系中没有上帝的位置：上帝是冗余的，没有上帝，这个理论同样完整。

冗余对反驳

我们在反对一个观点时，通常想要通过"反驳"（refutations）的方式将其驳倒。这就是说，我们想要确定对方的论证完全错误，抑或我们拒斥的实体一定不存在。但是，证明论证或实体是冗余的，有时却是把它们从视野中消除的一个有效手段。如果我们能够表明，即便没有它们，我们也可以提出完备的解释，或者我们没有理由假定它们存在，我们就剥夺了许多相信它们存在的动机。从这个层面说，理论便可因此而缩减概念的数量，而理论越简单就越好。

乔治·贝克莱主教在回应约翰·洛克时，就使用了冗余的方法。洛克认为，物体有第一性质和第二性质。大致来说，第二性质（如颜色和气味）依赖人们的感官，这种性质与感知物体的主体有着密切的联系。然而，第一性质独立于人们感知它们的方式，或者说，在不同的人以不同的方式感知它们时，这种性质（如重量、大小和形状）不会改变。

贝克莱在反对洛克时，并没有直接否定物体具有第一性质，而是说它们完全是冗余的。贝克莱指出，洛克所谓的第一性质和第二性质都依赖人们的感官。我们无须考虑贝克莱的具体做法，或者他是否取得了成功；我们只需要知道，贝克莱的具体策略是什么。换言之，贝克莱从未说过第一性质不存在，而只是说我们没有必要像洛克一样界定第一性质，因为它和第二性质没有任何区别。那么，这就意味着，第一性质的想法是冗余的。因此，贝克莱认为，用第二性质就足以解释我们的经验，而完全不需要"第一性质"这个概念。可见，贝克莱的观点足以让我们把"第一性质"的想法扔入垃圾箱。假如第一性质没有任何作用，即便没有它，我们亦能完整地解释物体的性质，那我们为何还要坚称它们存在呢？它们存在的所有理由都已被移除，因而它们也应该被移除。

在更抽象的层面，追随弗兰克·拉姆赛（Frank Ramsey，1903—1930）的哲学家甚至认为，就连"真"这个概念都是冗余的。就一个句子而言，比如"X"：我们说"X"与我们说"X 是真的"，两者有什么区别呢？例如，我们说"法兰克福是肯塔基州的首府"，或者我们说"法兰克福是肯塔基州的首府，这是真的"，这两种说法有什么不同吗？

当然，贝克莱抑或拉姆赛的论证到底成功与否，仍有很多争论。虽然贝克莱企图证明第一性质是冗余的，但我们并不能假定他做到了。不过，纵使贝克莱失败了，他的策略仍富有启发性。对我们而言，"反驳"能做到的事情，"冗余"都能做到。

同时参见：

1.8　反驳

2.1　溯因推理

推荐读物：

George Berkeley（1710）. *The Principles of Human Knowledge*，1.18 – 1.20.

Frank P. Ramsey（1927）. Facts and propositions. *Aristotelian Society* 7：Supplement，153 – 170.

Alexander Peter（1985）. *Ideas，Qualities and Corpuscles*.

3.27   无穷倒退

偶尔，当论证从哲学家们的掌控中"悄悄溜走"时，他们就会表现得像孩子一样。但"悄悄溜走"并不意味着，论证导致了"无穷倒退"。倒退可没那么有趣，它是一个有严重瑕疵的逻辑错误。

通过一个古老的观念，我们就可以了解什么是"无穷倒退"。曾经有人认为，地球坐落在一头大象的背上。这就引出了一个问题：这头大象站在什么之上呢？假如这头大象站在另一头大象的背上，那么另一头大象站在什么之上呢？是另一个地球之上吗？但那样的话，另一个地球坐落在哪里呢？在又一头大象的背上吗？照此类推。该解释总是需要假定一个新的实体，这个过程也没有终点。因此，该解释就是失败的。

福多的例子

语言哲学家杰瑞·福多（Jerry Fodor，1935—2017）提出的

"思想语言假设"（language of thought hypothesis），就被指责犯了无穷倒退的错误。大致来说，福多认为，我们只有掌握了一门语言，才能学习一门新的语言。并且，新学语言所能表达的所有内容，都业已包含在已掌握的语言中。换言之，福多声称，我们在学习语言之前，必须掌握一门内在的语言，即思想语言。它和我们所能学习的任何语言一样有效。

这已经有了无穷倒退的味道。福多既然认为我们在学习一门语言（如英语）之前，必须掌握思想语言，那我们如何获得思想语言？假如我们在学习任何语言之前都需要掌握一门语言，我们在掌握思想语言之前同样应该掌握一门其他语言，暂时称之为"前-思想语言"，那么，我们该如何学习这门语言呢？我们学习前-思想语言的话，是否还要掌握另一门在它之前的语言，照此类推，以至无穷？

因此，这便是一个无穷倒退的例子。具体来说，无穷倒退是指：假如一个立场的内在逻辑需要你假定一个在先的实体或过程；而按照相同的逻辑，这个实体或过程又需要你再假定一个在先的实体或过程；照此类推，以至无穷。这样的倒退极具破坏性，这至少出于以下两个理由：

第一，因为它繁殖出了无穷多的实体或过程，以至于理论难以令人信服。我们或许同意福多设定一种思想语言，但假如这意味着我们头脑中一定栖息着无穷多的思想语言，就显得很荒谬了。

第二，假若一个解释中含有无穷倒退，那么，它不仅没有提供有效的解释，反而只会让我们更加糊涂。例如，提出思想语言的本意旨在解释我们如何学习新的语言，但由于它导致无穷倒退，我们就连自己如何学会第一门语言都解释不清了。换言之，福多告诉我们，若要学习一门语言，我们就必须在此之前掌握另一门语言；但他没有告诉我们，我们最初是如何学会第一门语言的。

怀疑主义者的无穷倒退

怀疑主义传统中的许多哲学家都非常聪明，他们利用无穷倒退的方法，推翻了多次想要对哲学论题下定论的企图。其中，最成功的策略之一，便是利用无穷倒退去判定真假的标准。简言之，这种做法大致如下：假设你要判定某一命题是真的，抑或判定某一现象是真实的，那么，你就不得不建立一个评价的标准，即评价真假的标准。比如，依据感觉经验或理性（参见 3.9）。但是，什么能够证明那个标准是真的呢？若以该标准来评价该标准，就陷入了循环论证（参见 3.7）。用感觉经验来评价感觉经验是否真实，绝对行不通。因此，这个标准需要另一个标准来证明；而另一个标准也就需要再一个标准来证明。显然，我们已经陷入了无穷倒退。"无穷主义者"认为，真理标准的无穷倒退是可以接受的，这正是我们面临的处境，但其他哲学家却深受这个问题的困扰。

不是滑坡效应

然而，倒退未必是无穷的。有时，它或许只会引发一步、两步或其他有限步数的倒退。福多或许就认为，他的倒退压根不是无穷的。他之所以提出思想语言，本是为了解释我们最初如何学会日常语言，但我们却把"如何学会日常语言"推回到了"如何学会思想语言"。那么，福多就可以声称自己没有导致无穷倒退，因为思想语言不是学来的，而是我们与生俱来的（或"先天的"）。换言之，我们无须询问如何学习思想语言，我们生来就会，这不是有效的问题，倒退止于此处。

对福多来说，问题在于：这真的解决了无穷倒退的问题吗，或者他只不过策略性地增补了一个其他的哲学假设而已？

同时参见：

1.9　公理

2.8*　奥卡姆剃刀

4.1*　基本信念

推荐读物：

Sextus Empiricus（c. 200 CE）. *Outlines of Pyrrhonism*，Bk 1，Ch. 15.

Jerry Fodor（1975）. *The Language of Thought*.

Peter Klein（2003）. When infinite regresses are not vicious. *Philosophy and Phenomenological Research* 66：718 – 729.

3.28　拯救现象

丹尼尔·丹尼特写了《意识的解释》（*Consciousness Explained*）之后，他的批判者们就抱怨，这本书并没有谈及我们通常理解的那个"意识"。或者说，他并未解释意识，而是"通过解释消除了意识"。

有人指责丹尼特违反了哲学中的一条基本原则：我们必须尽量"拯救现象"（save the phenomena）。这就是说，无论哲学理论试图解释什么问题，它都必须能够说明事物"表现出来的"那个样子。这是一个强有力的批判工具。

批判的要点

例如，假如一个伦理学理论无法解释日常生活中的道德行为与道德判断，那么这个理论就是不妥当的；假如一个认知理论无法解释日常经验中的视力与听力，那么这个理论就是不妥当的。任何哲学学说一旦否定了日常现象，就注定失败了。我们从日常经验中得出的结论未必属实，但理论却必须满足我们的日常经验。物理学家理查德·费恩曼（Richard Feynman）曾说，当你的结论与常识冲突时，常识也不过如此；当你的结论与哲学观点冲突时，哲学观点就该遭殃了；但假如你的结论否认了经验事实，那么你就要把自己的结论视为过眼云烟了。古希腊埃利亚学派的哲学家巴门尼德似乎就犯了这个错误，他认为：万物不变；存在者在空间上不可分，既不生成也不消亡；我们用思想感知存在，但思想并不存在，因为除存在者之外，无物存在。然而，我们经验到的任何一种现象，似乎都说明巴门尼德的结论是荒谬的。

需要被解释

假如考虑到"解释"和"解释对象"［或称之为"待解释项"（explanandum）］之间的关系，那么便可以理解我们必须拯救现象的另一个原因。我们的生活经验中必然存在着一些"突兀的"或"特殊的"现象有待解释，因此存在着待解释项。假如我们随后提供的解释并不能解释"待解释项"抑或它们出现的原因，这个解释就是无效的。

比如，就伦理学而言，有人或许最初体会到了良心的责备、同情、承诺的负担等，而后便构建了一个道德理论。假如这个理论最终并未给这些最初促使其产生的体验留出一席之地，那么我们就不得不考虑，这个道德理论到底有什么意义。

批判的局限性

然而，"未能拯救现象"的指责有时听起来会有些空洞。因为"没有提及现象"和"未能拯救现象"之间是有差异的，我们从丹尼特的例子中就可以看到这一点（虽然他在别处也未能拯救现象）。丹尼特反驳他的批判者说，假如一个解释配得上"解释"这个名称，那么它试图解释的现象就不能光明正大地出现在解释中。他的观点非常有说服力。这就相当于，你试图破解一个含有 X 的方程式，并声称自己已经成功，但实际上你给出的答案中仍然包括 X。

他用到的另一个例证是设想一个能够解释意识的方框图。假如这个方框图的整体解释了意识，那么我们肯定不希望其中有一个贴着"意识"标签的小方框。因为如果这个小方框真的存在，小方框图中的其他所有小方框就都是多余的。不用多说，假如该方框中只包含了意识现象而别无他物，那么方框图就压根没有解释意识。

解释的层面

无论是否认同丹尼特的论证，我们或许都同意解释有不同的层

面。现象可能影响到一个层面的解释，但未必影响到另一个层面的
解释。我们看得到水是液体，却看不到它的分子结构，但这并不意
味着将水描述成 H_2O 是不当或有误的，因而也不说明化学家未能
拯救现象。因为这里没有违背任何现象，解释水的化学结构，并没
有否定水的液体表象——液体性不是个别原子的属性。一旦我们理
解了水的化学结构，我们同样就能够从原子层面解释它为何能够成
为液体。只要理论能够解释现象（无论是从微观层面还是从宏观层
面），它就已经通过了第一道关卡。

同样，我们甚至可以重新解释巴门尼德的命题。我们可以认为
他的意思是：思想世界是一种幻觉。而把思想解释为幻觉，同样是
对该现象的一种解释。

同时参见：

2.9 还原

3.15 错误论

推荐读物：

Maurice Merleau-Ponty（1962）. *The Phenomenology of Perception*.

Bas van Frassen（1980）. *The Scientific Image*.

★ Daniel C. Dennett（1993）. *Consciousness Explained*.

3.29 自我挫败论证

许多生动、有趣的例子都能说明自我伤害的意外行为：朝自己
的脚开枪；被自己的爆竹炸伤；踢了一脚乌龙球；等等。不幸的

是，此类行为在哲学中却有一个乏味的名字："自我挫败论证"（self-defeating argument）。

正如其名，自我挫败论证是指：论证自身足以证明自己是不可靠的。无论是立场、论文抑或论证，只要它们自身内部的逻辑足以证明它们有误，我们就可以用这个术语来形容它们。准确地说，它们也可被称为自我挫败立场。

例证

一个自我挫败立场的著名例子是粗糙的相对主义。一种粗糙的相对主义认为："所有普遍陈述都是错误的，无论何时何地，无论由谁提出。"这便是一个自我挫败的例子，因为假如这个陈述正确，那么它作为一个普遍陈述便是错误的。这也就意味着，认同了这个陈述，同时就否定了这个陈述。因此，这个立场是自我挫败的。

另外一个著名的例子源于证实主义：只有被感知经验证实的理论才有意义。但是，假若我们认同这个原则，那么我们就会发现，这个原则同样无法被感知经验证实。换言之，依此原则，该原则自身必然毫无意义。这也就意味着，认同了这个原则，同时就否定了这个原则。

近年来，阿尔文·普兰丁格（Alvin Plantinga，1932—　）曾批判纯粹的自然主义进化论（将进化视为纯粹的自然过程，而无任何智力因素的干涉或指引）是自我挫败的。大致来说，自然主义进化论认为，人类之所以有认知能力，是因为该能力有助于我们获得进化中的优势，或者说，该能力有助于我们在自然选择中幸存下

来。但普兰丁格坚称，按照自然主义的立场，我们无法解释人类的
认知能力为何能够辨别信念的真假。他认为，假如有一个真的信念
能够有助于我们延续基因，那么同时也有许许多多的假信念能够起
到相同的作用。例如，真的信念是"老虎是危险的"；假的信念是
"老虎是无害的，但上帝命令我们远离老虎，不然就会惩罚我们"。
这两个信念都能够帮助我们与老虎保持安全的距离，因而都会有助
于人类基因的延续。

假如普兰丁格是对的，那么自然主义进化论就没有理由让我们
相信人类的心智更倾向于将我们引向真的信念。此外，自然主义进
化论意味着，许多信念不过有助于我们在自然选择中幸存下来，但
它们的真假却不得而知，甚至有可能都是假的。所以，我们假若认
可自然主义进化论，那么就不知道自己信念的真假。由于自然主义
进化论本身是一种人类的信念，所以它也有可能是假的，因而是自
我挫败的。（需要提及的是，许多哲学家都不认同普兰丁格的论证。
然而，即便这个论证最终有误，它也能够很好地帮助我们看清自我
挫败论证的形式结构和使用方法。）

可以说，找到一个自我挫败论证，有点像见证某物体自燃。它
是极具毁灭性的，假如有人批判你的核心命题是自我挫败的，那
么，一旦批判成立，你就几乎毫无修正或辩解的余地。但令人奇怪
的是，自我挫败论证竟然极为常见。

常见于哲学之中

以下这个类比，或许有助于我们理解它为何在哲学中如此常
见。设想你创办了一个俱乐部，你首先要制定一系列规则，以决定

何人有资格加入。有些俱乐部的规则十分清楚，它们明确地界定了成为会员需要满足的条件，比如毕业于同一所大学（校友会），或曾居住在同一个区域（老乡会）。但是，有些俱乐部的会员资格却没有那么容易界定。例如作家俱乐部，假若作品没有出版的作家不能加入，那么一些具有天赋的真正作家就可能被排除在外；假若作品没有出版的作家也能加入，那么符合资格的人就未免太多了。当你试图制定一个更加细致、精密的规则，以避免以上的麻烦时，你或许不经意间就会得出一个连自己都无法加入的规则。

哲学家们并不为俱乐部制定规则，但他们却试图制定一些原则，以界定概念的适用范围。就以上的例子而言，我们一直在讨论何者有意义，抑或何者正确。由于处理复杂概念是哲学家们的工作，所以他们难免会不小心地制定出违反他们本意的原则（就像界定俱乐部的会员资格一样）。可见，自我挫败论证在哲学中不停地冒出来，并不能说明哲学家们愚蠢，而是因为他们从事的工作过于复杂。

同时参见：

3.22　同样有罪

1.2*　绝对/相对

4.6*　悖论

推荐读物：

★ A. J. Ayer (1936). *Language, Truth and Logic*.

Alvin Plantinga (1992). *Warrant*.

★ Theodore Schick and Lewis Vaughn (2010). *How to Think about Weird Things*, 8th edn.

3.30 充足理由律

任何从事哲学研究一段时间的人，生命中都至少会碰到这样一个人，他认为整个哲学思想都不过是虚张声势。通常，这样的人最看不惯的是哲学家们似乎想找到所有现象背后的理由。有时，哲学家们就像小朋友一样，不停地问别人"为什么？为什么？为什么？"，而被问得不胜其烦的非哲学人士很可能会说"不是所有事情都能解释得通"，而后嘲笑你连这么简单的道理都没有发现。

我们的确应该认识到这个简单的道理，但我们同样要明白哲学家们不断追问的做法与它并不抵触。要理解这一点，我们只需来看莱布尼茨的一个简单原则，即"充足理由律原则"（principle of sufficient reason）："任何一件事如果是真实的或实在的，任何一个陈述如果是真的，就必须有一个为什么这样而不那样的充足理由，虽然这些理由常常总是不能为我们所知"[《单子论》（*Monadology*），32]。或如叔本华（Arthur Schopenhauer，1788—1860）所言："任何事物都有其为什么存在而不是不存在的理由"（Nihil est sine ratione cur potius sit quam non sit）。

这个原则简明扼要地解释了哲学家们为何会不停地追问。并且，它同时提及了一个更为基本的问题：世界上的事物究竟为何存在，而不是不存在？这个问题不仅始终困扰着他们，而且激发出了很多哲学理论。

有时，世界上的万事万物确实让人叹为观止，而它们的存在似乎也有理由。而恰当地理解充足理由律，也有助于我们反击那些攻击哲学家的人。

在莱布尼茨对充足理由律的表述中，最后一句话也很重要："这些理由常常总是不能为我们所知"。虽然莱布尼茨认为，我们通常无法知道事物存在的理由，但这并不代表它们没有理由。例如，在爱因斯坦提出广义相对论之前的数千年里，人们并不知道地心引力，或者错误地理解了地心引力。但是，在爱因斯坦之前的哲学家和科学家仍然（正确地）相信，地心引力的背后必然有一个理由。因此，你可以坚信万事万物如此存在的背后必然有一个理由；同时，你也可以对这个理由一无所知。

叔本华的四重根

德国哲学家亚瑟·叔本华描绘了世界中充足理由律的四种分类。他试图提醒我们：针对不同的主题，我们都能找到适合的充足理由律，即便它们彼此之间并不适用。

1. 生成的充足理由律（sufficient reason for becoming）。
2. 认识的充足理由律（sufficient reason for knowing）。
3. 存在的充足理由律（sufficient reason for being）。
4. 行动的充足理由律（sufficient reason for acting）。

理由和原因

简言之，无论叔本华的列表是否面面俱到，它都说明了万事万物的背后都有一个"理由"（reason）。但是，这并不等同于万事万物的背后都有一个"原因"（cause）（叔本华认为斯宾诺莎正是犯了这个错误）。实际上，人们一直在争论，究竟何种理由最终不能被表述为原因。就此处的讨论而言，我们只需知道，充足理由律并没有假定，万事万物的背后都有其原因。假若万事万物都有原因，那么我们就不得不追问那个终极原因是什么。既然这个原则没有假定这样的因果链条，而只是说事物有存在的充足理由，那么它就更加牢固了。

休谟的疑虑

然而，并非所有哲学家都同意充足理由律。这个原则是理性主义的核心特征之一，但若仔细审视，它似乎也只是一个较强的假设。我们到底能否证明它的真假呢？它难道仅是一种信念，或者一种形而上学猜想吗？为了批判萨缪尔·克拉克和笛卡尔等理性主义者（他们认为原因等同于理由）提出的因果关系，休谟指出，该原则并没有理性的根基。他在著名的《人性论》中写道："一个原因观念和存在开始观念的分离显然是可能的；所以，这些对象的现实的分离，就其不涵摄任何矛盾或谬误来说，是完全可能的。因此这种分离就不能被单是根据观念的任何推理所反驳；而如果驳不倒这一点，我们便不可能证明一个原因的必然性"①（《人性论》，1.3.3）。换言之，你无法证明原因与结果之间的任何联系。休谟的论证极大地挑战了科学的根基，因为科学始终相信自然界运转的背后有一定的理由。随后的许多哲学家都同意他的观点。

其实，正确理解充足理由律，有助于我们破除一些幻觉，比

---

① 译文参见休谟：《人性论》上册，关文运译，商务印书馆 1980 年版，第 96 页。

如，哲学家们无法接受非确定性，或者我们一定要给出教条式的解释。然而，哲学家们已经充分认识到了充足理由律的局限性。如果说充足理由律有价值的话，那价值就是它能够为我们进行调查、研究提供动力。假如能够找到事物存在的理由，那么我们就能更好地理解这个世界，并处在更有利的位置去掌控这个世界。假如事物没有存在的理由，那么我们也就无法理解这个世界，就连怀疑主义者都强调调查、研究的重要性。此外，充足理由律也有助于我们明白，哲学家们提供的理由并不总是正确的。

同时参见：

1.3　归纳

1.4　有效性和可靠性

2.2　假说-演绎法

1.1*　先验/后验

1.10*　蕴含/蕴涵

推荐读物：

Gottfried Wilhelm von Leibniz. *Monadology*.

★ David Hume (1739 – 1740). *A Treatise of Human Nature*, Bk 1, Pt 3, § 3.

Arthur Schopenhauer (1813, 1847). *The Fourfold Root of the Principle of Sufficient Reason*.

3.31　可检验性

假如有个检验器能够验证每句话的真假，可能人们都会害怕它。而现代哲学最害怕的则是诡辩：伪装成深邃思想的胡言乱语。贝克莱认为，我们应该抛弃物质实体的哲学概念，不是因为它们是错误的，而是因为它们毫无意义。自此以后，哲学家们都试图把所有的胡言乱语都排除在自己的理论体系之外。

20 世纪初，哲学家们十分担心自己的理论中含有毫无意义的胡言乱语，因此这一时期的哲学创造并不丰富。而通过人们后来所熟知的分析哲学，逻辑实证主义者和他们的继承者也试图建立一些简单的规则，以区分精华与糟粕，进而让我们摆脱哲学论述中的所有胡言乱语。

其中的一个规则就是"意义的证实原则"（Verification Principle of Meaning），由阿尔弗雷德·朱尔斯·艾耶尔（Alfred Jules Ayer，1910—1989）提出并详加论证。该原则有不同的表现形式，但大致可被表述为：命题只有在可以被经验验证的条件下才有意义。

其他命题不仅错误，而且毫无意义。例如，"房间里有一头看不见并且没有形状的粉红色大象"就没有意义，因为没有任何经验的方法，可以验证这个断言是否正确。"看不见并且没有形状"的定义，本身就说明这样的事物是无法经验的。依此观点，许多形而上学、神学和伦理学的知识都毫无意义，应被驱逐出哲学的领域。

然而，作为意义理论的原则之一，证实主义已然失败了。因为所有的定义既然界定了一类事物，那么这就意味着其他所有事物都应被排除在外，而我们却无法证实这一点（参见 1.10）。更为致命的是，这个原则同样无法得到经验的证实，即按照其自身的标准，它便毫无意义（参见 3.25）。不过，这不仅仅是语义学上的问题，它还深深地影响了"科学哲学"（philosophy of science）。

可检验性和科学

科学哲学家已经开始清晰地界定什么是好的解释，它们的属性包括什么，尤其对科学理论而言。"可检验性"（testability）便是其中的一种重要属性。例如，"每个人做的每件事都出于自私的理由"就是不可检验的（因为我们无论做什么实验，得出什么结果，都不能证明其对错），因此它不是一个坚实的科学理论（而更像一种意识形态）。艾萨克·牛顿在《自然哲学的数学原理》（*Philosophiae Naturalis Principia Mathematica*）第二版（1713 年）所附的"总释"中认为，拒斥一个存疑的、不可检验的假设，就相当于声称："我不做假设"（hypotheses non fingo，或 I feign no hypotheses）。或者，如当代哲学家伊姆雷·拉卡托斯（Imre Lakatos）所言，"优秀的解释和科学理论，都具有可检验性这种属性"。

即便如此，证实原则也不过是用概念进行检验的一种低劣手段，它甚至无法完全证实许多科学自然律。按照逻辑学的说法，科学定律〔如牛顿的"引力平方反比定律"（inverse square law of attraction）〕做出的是全称判断：适用于特定现象的所有个例，无论它发生在宇宙何处，发生在过去、现在抑或未来。但没有人能充分证实这些主张。

证伪能挽救吗？

为了改善检验方法，卡尔·波普尔提出了"证伪"（falsification）原则：假若一个科学理论（的最初表达形式）能够被证伪，那么该理论就有一个好的前提假设。我们还能将波普尔的原则表述为：科学的发展要以猜想（假设）为前提，而这个假设需要接受人们的检验，它甚至可能会被推翻；假如该假设被推翻，它就要为新的假设所取代，直到我们提出的假设通过检验为止。

许多普遍陈述都无法完全被证实，包括科学定律在内，但它们却可以被证伪。比如，假若要证伪"所有彗星都沿着椭圆形轨道运行"，我们只需要找到一颗没有沿着椭圆形轨道运行的彗星即可。科学中，提出假设、否定假设的过程在不断反复着，似乎永无止境。然而，证伪原则有一个逻辑上的缺陷。或者说，当面对特称判断（比如"有些天鹅是紫的"）时，证伪原则就没用了。即便检查了 10 万只天鹅，没有发现 1 只是紫色的，我们依然不能证明该陈述有误，因为紫色天鹅存在的可能性仍然存在。

两个原则之间的关系

证实和证伪就像一枚硬币的两面。艾耶尔等证实主义者希望他们的原则能够运用到所有的哲学理论（甚至所有的理论）中；而波普尔则认为证伪是专用于经验科学的检验方法。但是，两者都强调了一个相同的理念：理论或命题最好能以某种方式被我们检验，否则它们就不是好的理论或命题。我们究竟应该采用证实还是证伪（或者两者兼具）的检验方法，似乎仍有争议，但无论是何种情况，"理论需要被检验"这个重点都没有改变。

可检验性和整体主义

近期的许多哲学研究——包括维特根斯坦、奎因和库恩（Kuhn）的著作在内——都表明：只有接受了一定的概念、信念和实践之后，再对理论进行检验才有意义。依此观点，检验就无法解决所有问题，抑或无法解决人们关心的所有关键问题。

　　人们对可检验性的适用范围仍有不同意见，但它本身的重要意义已经得到了证明。然而，虽然可检验性对科学假设来说至关重要，但它对于伦理观点是否同样有效呢？"整体主义者"（holists）就认为，可检验性无法解决信念中的争议。但实际上，证实主义者提出的第一个挑战就涉及价值。或者说，它让我们不得不思考，"假若你认为违反经验的事情还能得到证实，那你的意思到底是什么？这样的理论还有什么意义？"这些问题都有多个答案，但假如你没有自己的判断，你就要考虑自己内心深处是否有清晰的哲学立场，你是否做好了论辩的准备。

同时参见：

1.3　归纳

2.1　溯因推理

2.2　假说-演绎法

2.5*　休谟之叉

推荐读物：

★ A. J. Ayer (1936). *Language, Truth and Logic.*

Karl Popper (1963). *Conjectures and Refutations.*

Imre Lakatos (1978). *The Methodology of Scientific Research Programs*, Vol. 1.

The Philosopher's Toolkit：A Compendium of Philosophical Concepts and Methods，3rd Edition by Peter S. Fosl and Julian Baggini

ISBN：9781119103219

Copyright © 2020 Peter S. Fosl and Julian Baggini

图书在版编目（CIP）数据

简单的哲学 ／（美）皮特·福斯（Peter S. Fosl），
（英）朱利安·巴吉尼（Julian Baggini）著；陶涛，张
荟译 . -- 北京：中国人民大学出版社，2025.7.
（经典人文课）. -- ISBN 978-7-300-33892-7

Ⅰ. B-49

中国国家版本馆 CIP 数据核字第 202539G7Q7 号

经典人文课
简单的哲学
［美］皮特·福斯（Peter S. Fosl）　　［英］朱利安·巴吉尼（Julian Baggini）/著
陶涛　张荟/译
Jiandan de Zhexue

出版发行	中国人民大学出版社	
社　　址	北京中关村大街 31 号	**邮政编码**　100080
电　　话	010 - 62511242（总编室）	010 - 62511770（质管部）
	010 - 82501766（邮购部）	010 - 62514148（门市部）
	010 - 62511173（发行公司）	010 - 62515275（盗版举报）
网　　址	http://www.crup.com.cn	
经　　销	新华书店	
印　　刷	北京联兴盛业印刷股份有限公司	
开　　本	890 mm×1240 mm　1/32	**版　　次**　2025 年 7 月第 1 版
印　　张	7.375 插页 4	**印　　次**　2025 年 7 月第 1 次印刷
字　　数	164 000	**定　　价**　78.00 元